Iluminação

MANUAL PRÁTICO

LEO GOUGH

Iluminação

MANUAL PRÁTICO

Tradução
MARCELO MARI

EDITORA PENSAMENTO
São Paulo

Título do original:
Enlightenment
a beginner's guide

Publicado originalmente em inglês por Hodder & Stoughton Ltd.

O primeiro número à esquerda indica a edição, ou reedição, desta obra. As dezenas à direita indicam o ano em que esta edição, ou reedição, foi publicada.

Edição	Ano
1-2-3-4-5-6-7-8-9	00-01-02-03-04-05

Direitos de tradução para a língua portuguesa
adquiridos com exclusividade pela
EDITORA PENSAMENTO LTDA.
Rua Dr. Mário Vicente, 374 – 04270-000 – São Paulo, SP
Fone: 272-1399 – Fax: 272-4770
E-mail: pensamento@snet.com.br
http://www.pensamento-cultrix.com.br
que se reserva a propriedade literária desta tradução.

Impresso em nossas oficinas gráficas.

Sumário

Introdução 7

Capítulo 1 O que é iluminação? 11
Qual é o objetivo da iluminação? 13

Capítulo 2 Agora é o momento mais feliz da sua vida 17
Renúncia 21
Iluminação não é felicidade 24
Afirmações 26

Capítulo 3 Se você encontrar o Buda no caminho, mate-o 27
Matar o conhecimento? 31
Não abuse das drogas 33
Autoconfiança 35

Capítulo 4 Bem e mal 37
Karma 41
O valor da vida 42
Como nosso comportamento se altera quando estamos desesperados 44
Querer o bem 45

Capítulo 5 Eternidade 47
Os seres humanos não são importantes 49

Capítulo 6 Morte 53
Isso é tudo? 54
Estratégias de luto 55
Morte e realidade 58
Vida após a morte? 59

Capítulo 7 Respire, caminhe, durma, trabalhe e divirta-se 61
Evite a credulidade 64
Diligência 65
Sexo 68
Preste atenção! 71

Capítulo 8 O pequeno e o grande eu 73
Estados de absorção 79
A sabedoria insensata 82

Capítulo 9 A manutenção do bem-estar 85
Alimentação 85
Maneiras de ganhar a vida 87
Postura 88
Conclusão 89

Capítulo 10 A vida do Buda 91

Bibliografia recomendada 103

Introdução

Por muito tempo, os seres humanos quase não mudaram: isso quer dizer que, embora possamos ver inúmeras mudanças o tempo todo na parte exterior de nossas vidas – na tecnologia, no vestuário, na linguagem, no modo de vida e assim por diante –, interiormente, nossas motivações, sentimentos e capacidade mental realmente não mudaram em milhares de anos.

Imagine-se voltando no tempo para um lugar onde não existisse a tecnologia moderna. Quanto você poderia ensinar sobre o nosso mundo? Você poderia ensinar, por exemplo, como fazer um *chip* de silício, um motor de combustão interna ou a penicilina? Além do conhecimento especializado de sua profissão particular, provavelmente você não seria capaz de fazer muito mais do que dar às pessoas daquela época uma descrição geral do que é possível em nosso tempo. Vamos supor que você tenha voltado a alguma parte do meio-oeste americano, seiscentos anos atrás. Os nativos que você encontrou não tinham cavalos e ainda não tinham entrado em contato com os povos do Velho Mundo. Suponhamos que você estabeleça o primeiro contato com eles, aprenda a sua língua e instale-se lá para morar. Sem dúvida, você ensinaria a eles algumas coisas úteis e, seguramente, também aprenderia deles muitas outras – mas, mesmo que morasse com eles por quarenta anos, você os faria guiar automóveis e usar computadores?

Na minha opinião, o mundo exterior – todos os sistemas, máquinas, organizações, estruturas e áreas do conhecimento que constituem nossa sociedade – está fora do controle de apenas uma pessoa.

Não existe um indivíduo que, sozinho, entenda tudo ou saiba como tudo funciona; isso porque a civilização desenvolveu-se por séculos e vai se constituindo sobre os esforços de uma geração após a outra. Enquanto indivíduos, nascemos dentro do mundo moderno e sabemos como ser bem-sucedidos aqui, mas não somos senhores dele; não o criamos.

O ponto em comum que você descobriria entre você e a tribo de nativos de seiscentos anos atrás seria sua humanidade, sua natureza humana – esse notável conjunto de processos mentais e emocionais que compõe uma pessoa. Sua cultura pode ser diferente, mas, supondo que você fizesse amizade com eles, creio que verificaria que, no íntimo, eles não eram em tudo diferentes de você: poderiam ser mais valentes, mais inteligentes e mais fortes por causa da vida que tinham, mas eles, como você, ainda seriam seres humanos, fadados a viver algumas décadas se esforçando e vivenciando dores e alegrias, até desaparecer da face da Terra.

Há especulações de que muitos anos atrás as pessoas, no seu interior, eram diferentes do que são agora, e que, por exemplo, seu cérebro era tão diferente que elas "pensavam" com imagens e tinham visões em terceira dimensão que pareciam tão vívidas e tangíveis quanto os objetos no mundo real. Ninguém sabe ao certo se isso é verdade, mas, ainda que seja, não nos impede de afirmar que os seres humanos realmente não mudaram muito nos últimos milênios.

Este livro trata de uma série de descobertas feitas por pessoas de todas as partes do mundo, no decorrer da história, e que se mantiveram vivas principalmente por meio da transmissão oral, já que elas não podem ser conhecidas por intermédio de livros. Essas descobertas não relatam coisas exteriores – o mundo exterior – mas a experiência interior do ser. Em todo o livro, apresento essas descobertas como a "tradição da iluminação", para facilitar a exposição, mas você não deve pensar que essa tradição esteja organizada de algum modo. Não há, por exemplo, um círculo de iniciados que saibam todas as respostas e guardem todos os segredos.

Iluminação é o que pode ser alcançado por qualquer um, com qualquer nível de conhecimento e de qualquer parte do mundo. Ela é, em sua essência, anárquica, e qualquer tentativa para formalizá-la ou institucionalizá-la conduz para além do seu objetivo. Ela é uma tradição única, de forma que as pessoas que a atingiram reconhecem-na em outros, do mesmo modo que dois marceneiros podem reconhecer e apreciar uma técnica do outro, ainda que tenham passado por treinamentos muito diferentes. Assim, quando você vir, neste livro, referências à "tradição da iluminação", lembre-se de que isso significa, simplesmente, o que alguém pode reconhecer em si próprio e nos outros e o que não está restrito a uma filosofia particular ou conjunto de crenças.

Este livro faz uso de idéias a respeito da "iluminação" que tiveram origem na Índia, e procurei mostrar que idéias semelhantes têm se desenvolvido independentemente no Ocidente. Elas também existem, se não em todas, na maior parte das outras culturas, mas não haveria espaço neste pequeno livro para investigá-las em detalhe, de maneira que optei por concentrar-me na explanação das concepções e métodos "indianos". A Índia é um país raro, possuidor de uma cultura "espiritual" muito rica e variada, que permitiu a permanência viva de idéias e métodos muito antigos. As descobertas dos "jivanmuktas" (pessoas libertas) que morreram há muito tempo foram preservadas e passadas adiante, e ainda podemos nos beneficiar delas.

Entretanto, não pense que este livro vai dizer-lhe para vestir um manto laranja e morar no Himalaia. Quem quer que você seja e onde quer que esteja, a filosofia da iluminação perene – que não é uma filosofia no sentido comum do termo – lhe oferecerá algo de relevante, se você estiver disposto a conhecê-la.

Espero que os leitores budistas não se ofendam por causa das referências ao Buda e ao budismo. Não sou budista, mas, para mim, Siddhartha Gautama, conhecido como o Buda, foi um homem que de fato descobriu o segredo da vida e foi capaz de passar adiante essas descobertas. Não creio que tenha sido o único a fazê-lo, mas, como seus ensinamentos são extraordinariamente acessíveis, pareceu-me útil falar a respeito dele aqui, onde dedico o capítulo final a um breve relato sobre sua vida e sua obra. A história do Buda é significativa para mim porque ilustra com muito vigor como uma pessoa pode "alcançar a base" do problema da existência – "Quem sou e o que estou fazendo aqui?" – por meio da força de vontade e da determinação, combinadas, no caso do Buda, com não muitos anos de treinamento especial.

Quando se escreve sobre esses assuntos, pode-se utilizar a neutralidade da terceira pessoa ou referir-se a si mesmo. Escolhi a segunda forma, não porque eu seja muito preciso ou agradável, mas porque quero dar a sensação de que esse assunto é humano, pessoal e acessível – não quero que você seja como eu sou, e sim que seja como de fato você é – e ainda para encorajá-lo a julgar esse assunto como real e comum, não como fruto de percepções excepcionais que uma pessoa comum não é capaz de viver. Inevitavelmente, essa abordagem coloriu o livro com minha personalidade, e não duvido que haja erros e distorções nisso. Por favor, perdoe-os!

Se você tiver alguma pergunta sobre o conteúdo do livro, escreva-me, aos cuidados dos editores. Fique certo que tentarei responder o mais rápido que puder.

Gostaria de agradecer a Tim Hunt e Denny Peat pela ajuda durante a elaboração deste livro.

1 O que é iluminação?

A iluminação de que trata este livro não diz respeito à revolução do século XVIII na ciência e na filosofia conhecida como "Iluminismo". A iluminação que iremos examinar de modo geral é um conceito completamente diferente.

Iluminação é algo muito fácil de vivenciar e muito difícil de descrever — é tão simples e comum, para dizer a verdade, que a maior parte de nosso tempo tendemos a fechar os olhos para ela. É muito mais fácil dizer o que não é iluminação; assim, para definir o que é iluminação, mais adiante neste capítulo há uma lista de coisas que são confundidas com iluminação.

Entretanto, primeiro, vamos tentar entender o "óbvio". Faça a si mesmo as perguntas a seguir, e ao respondê-las tente se concentrar sobre o que você está percebendo neste momento, em vez de encontrar as respostas em sua memória.

- Onde estou?
- Como meu corpo está se sentindo?
- Que ruídos eu ouço?
- O que vejo à minha volta?
- O que posso perceber com meu olfato?

Até aqui, tudo bem – as respostas são diretas, não são? Eis aqui outra série de perguntas:

- Quando morrerei precisamente?
- Por que algumas vezes me sinto feliz e outras triste?
- Onde eu estava antes de nascer?
- Posso mencionar com segurança alguma coisa que vá durar para sempre?

Essas perguntas não têm resposta, *a menos* que você comece a usar sua memória e seus pensamentos para imaginar algumas hipóteses – o que não é o objetivo de nosso exercício. O objetivo do exercício é cumprir essa tarefa, aqui e agora, sem usar seu engenhoso cérebro a fim de encontrar respostas engenhosas, por isso você pode responder à segunda série de perguntas dizendo apenas: "Eu realmente não sei."

Estranho, não é? É quase como ser uma criança!

Aqui está outra pergunta usada freqüentemente para conduzirnos ao óbvio – você não deve respondê-la dando seu nome e endereço:

- Quem sou eu?

Você pode dar uma resposta inteligente como "Eu sou um conjunto de moléculas", ou uma resposta religiosa, como "Eu sou uma alma", mas se fizer isso, estará se lembrando de conceitos que aprendeu no passado. Quando pergunto a mim mesmo quem sou eu, e respondo no "aqui e agora", não me ocorre nenhuma resposta – é algo sem palavras, uma espécie de sentimento, talvez, mas não exatamente um sentimento... A iluminação é cheia de paradoxos!

Algumas pessoas que estão lendo este livro podem ter tido uma iluminação pela primeira vez – se for o seu caso, bem-vindo ao "óbvio"!

Qual é o objetivo da iluminação?

No exercício anterior procuramos perceber o que é simples e comum, então podemos tentar definir iluminação como simplesmente isso: perceber o "óbvio". Para a maioria de nós, não obstante, essa resposta é insatisfatória porque parece sem propósito. Neste livro, tentarei indicar algumas ramificações incluídas nessa percepção do óbvio, mas primeiro, aqui está uma importante informação da qual você pode não estar a par.

A idéia de iluminação tem sido transmitida oralmente por certas tradições espirituais e filosóficas em todo o mundo no mínimo há 2.500 anos – talvez até por muito mais tempo. Embora, iluminação seja algo que as pessoas podem encontrar inteiramente por si mesmas, ela é com mais freqüência descoberta com a ajuda de amigos que já a alcançaram – no Oriente, onde o respeito pela autoridade e pelos mais velhos é uma importante característica da cultura, a iluminação é geralmente transmitida pelos professores aos alunos, tal como no famoso sistema guru-discípulo da Índia. Na verdade, quase todos os segredos na Índia são transmitidos pelos gurus; se você for um músico, aprende música com um guru, e se for uma prostituta, aprende seu modo de vida com um guru.

Os gurus têm má reputação no Ocidente, em parte devido às atividades inescrupulosas de vários desses líderes de culto; mas a causa mais importante são nossas tradições culturais e intelectuais, que estimulam o individualismo e valorizam as liberdades individuais. Isso produziu excelentes resultados – pois, muitas pessoas, pensando por si próprias e agindo livremente, podem fazer novas descobertas, como a penicilina e o motor a combustão, desenvolver indústrias e profissões, construir grandes cidades, reformar sociedades o tempo todo e assim por diante. Nossa tradição de individualismo possibilitou que a cultura do Ocidente dominasse o mundo. Nós realmente não gostamos que nos digam o que fazer. Temos lembranças amargas de homens da Igreja, de guerras religiosas e de doutrinas severas que beneficiavam poucos enquanto causavam a miséria de muitos. Não queremos desprezar nossa liberdade conquistada com muita dificuldade para nos tornarmos servos de algum sujeito vestido com um manto – e se algum de nós o faz, não está sendo imaturo, não está fugindo de seus problemas?

Uma vez vivenciada a iluminação, a tendência é querer compartilhá-la. E é muito mais fácil entender o que é a iluminação se tivermos um amigo para nos orientar; certamente ela não pode ser aprendida nos livros, e poucos são os que tentam firmemente encontrá-la dentro de si. Por isso, a necessidade de professores, ou, como eu prefiro considerá-los, amigos.

Por várias razões, muitas pessoas sentem-se pouco à vontade ao tentar compreender o significado da existência por meio da busca espiritual com base nas filosofias orientais, e isso é muito compreensível. Se você, como eu, tem afinidade por essas filosofias, então elas são um campo legítimo para a investigação; porém, se você não se sente à vontade com elas, não se preocupe – existem muitas tradições de iluminação no Ocidente, sendo algumas religiosas e outras seculares. Mais à frente, discutiremos algumas dessas tradições ocidentais.

Mas toda essa discussão ainda não respondeu: "Qual é o objetivo da iluminação?" Há sem dúvida muitos objetivos, talvez um número infinito deles, por isso enumerei apenas alguns:

- Melhorar o estado de saúde
- Reduzir o *stress*
- Tornar as idéias mais claras
- Ajudar a melhorar seu relacionamento com outros seres humanos
- Melhorar seus julgamentos
- Fazer você encontrar sentido para a vida
- Ajudar você a ser criativo

Isso parece exatamente uma lista de benefícios oferecidos por algum produto comercial? Você não pode obter isso de duas formas

– se o seu desejo de saber o que é a iluminação significa que você quer conhecer quais são os benefícios decorrentes dela, a lista acima traz benefícios que você pode checar por si mesmo. Visto que as pessoas são diferentes, elas descrevem os benefícios diferentemente – para mim, um grande benefício é perceber que, por mais terríveis que as coisas pareçam no momento, a totalidade da existência é como deveria ser: significativa, valorosa e além de nossa capacidade mental. (No entanto eu não espero que as pessoas pensem que a iluminação traz benefícios demasiadamente grandes!)

É importante lembrar aqui algumas coisas que a iluminação não é capaz de fazer:

- Não pode evitar a morte
- Não pode curar doenças incuráveis
- Não pode evitar que às vezes você sofra

Satori

Um monge budista certa vez disse para um imperador chinês que iluminação é um "imenso vazio", um "sagrado nada". No zen, uma variante japonesa do budismo, a ênfase é posta no *satori*, que pode ser definido como um vislumbre repentino da realidade, envolvendo uma perfeita clareza de espírito. Este livro trata a iluminação como *satori*, em vez de tratá-la como uma maneira de obter a experiência permanente.

Com freqüência, o estado de iluminação não é permanente. Muitas pessoas têm um lampejo e depois passam para outros estados mentais. De fato, a iluminação é um estado comum que todos experimentam de tempos em tempos. Está além das palavras, mas, um modo de descrevê-la é dizer que ela ocorre quando a atenção está perfeitamente concentrada no "aqui e agora", qualquer que seja ele.

Muitas religiões e culturas têm palavras para designar iluminação – a "graça" do cristianismo, por exemplo, e a "essência" da música. Iluminação não diz respeito ao caráter, e ela pode ser vivenciada por pessoas que você acha que não a "merecem", e não ser vivenciada por outras pessoas que parecem merecê-la mais que qualquer um.

O que não é iluminação

Uma vez que a iluminação está além das palavras, as pessoas tendem a falar mais sobre o que não é iluminação:

- Não é onisciência
- Não é uma ligação emocional
- Não depende de suas crenças
- Não o torna superior às outras pessoas
- Não é um negócio
- Não é uma sociedade
- Não é ser bom
- Não é ser virtuoso
- Não é difícil de ser atingida
- Não é o resultado de seu empenho espiritual
- Não é um fenômeno do intelecto

Ela simplesmente é.

2 Agora é o momento mais feliz da sua vida

Uma famosa fábula zen conta que um homem estava sendo perseguido por um tigre e, para escapar do animal, subiu um penhasco usando uma corda. Quando ele estava subindo, viu dois ratos roendo a corda, enquanto o tigre embaixo rugia na sua direção. No momento seguinte, o homem viu um belo fruto crescendo sobre a fenda, apanhou-o e comeu-o, apreciando seu delicioso sabor.

"Agora" é, realmente, o momento mais feliz da sua vida, independentemente do passado e do futuro.

O Buda tinha idéias singulares sobre o que é o "momento presente". Dizia-se que ele pregava que todas as coisas constituem-se de unidades muito pequenas chamadas *kalapas*, 10 mil vezes menores do que uma pequena partícula de poeira, e que cada *kalapa* dura o mais breve dos momentos, sendo 1 trilhão desses momentos algo breve como um piscar de olhos. Para a mente moderna, isso parece tão notável como o que ouvimos sobre as partículas subatômicas da física quântica. O que difere, contudo, é que o Buda não usou um acelerador de partículas sólidas para descobri-las – ele disse que todos poderiam educar-se para "sentir" as *kalapas* num fluxo, aparecendo e desaparecendo o tempo todo.

Se aprender a ficar realmente quieto (o que não significa ficar mais vagaroso), você começará a vivenciar o "agora" com mais intensidade. Essa experiência, pelo menos para mim, causa a impressão de que o universo nasce, vive e morre a todo instante, várias vezes, eternamente. Quando você sente isso, consegue ver as formas das coisas não como unidades rígidas, mas como um fluxo, um *continuum*.

Talvez tudo isso pareça um pouco estranho. Não se preocupe, não é obrigatório vivenciar o que foi dito! Vamos abordar essa experiência de outro ângulo.

"Agora" é o momento mais feliz de sua vida porque é o único momento em que você sempre está. Nós seguimos pela vida numa longa série de "agoras". Nossa mente ocupada e nossos sentimentos, de algum modo percebem isso. Podemos passar algumas horas aflitos com alguma coisa que aconteceu ou que está para acontecer, que é possível acontecer ou que nunca acontecerá, ou então ocupados com o trabalho, fazendo as refeições, falando ou apenas assistindo à televisão... a ocupação constante da mente, combinada com mudanças externas, lança-nos em atividades de um tipo ou de outro. Na maioria das pessoas, essa confusão interior raramente cessa e é essa a principal causa de elas não se perceberem no "agora".

Mas o que fazer se você tem que trabalhar ou cuidar dos filhos? Você não tem tempo para ficar olhando a Lua e muito menos para sonhar acordado quando precisa tomar conta de sua própria vida, colocar comida na mesa e tantas outras coisas, não é mesmo? É assim que parece ser para muitas pessoas. "Eu gostaria de desligar minha mente", elas dizem, "mas não posso."

Na verdade, "desligar a mente" não significa deixar suas atividades de lado. É muito mais útil considerar a mente como se ela fosse água – ela flui, se move, porém pode gradualmente silenciar e, reluzindo, refletir perfeitamente o mundo ao seu redor. Quando a mente silencia, você pode trabalhar, se divertir, cuidar das crianças, conversar, assistir à televisão, discutir com seu marido e tudo o mais, mas ainda vivendo o "agora".

Eu tenho um amigo que quer viver o "agora". Para isso, lê todos os tipos de livros sobre meditação ou filosofia, e acaba arrebatado pela mente em uma alegre dança em torno dessas idéias. Isso não funciona, porque você não pode pensar de que modo vai fazer isso – você deve, simplesmente, aprender a ficar quieto. Meu amigo pensa que é difícil, mas não é!

Abaixo, temos um exercício interessante:

Exercício:

Essa técnica foi inventada por um inglês chamado Douglas Harding, que atualmente tem mais de oitenta anos. Ela usa suas percepções normais para fazê-lo chegar, muito rápida e diretamente, ao "agora".

1. Mantenha a mão firme à sua frente e aponte com o indicador. Olhe para o que você está apontando e registre mentalmente o que vê.

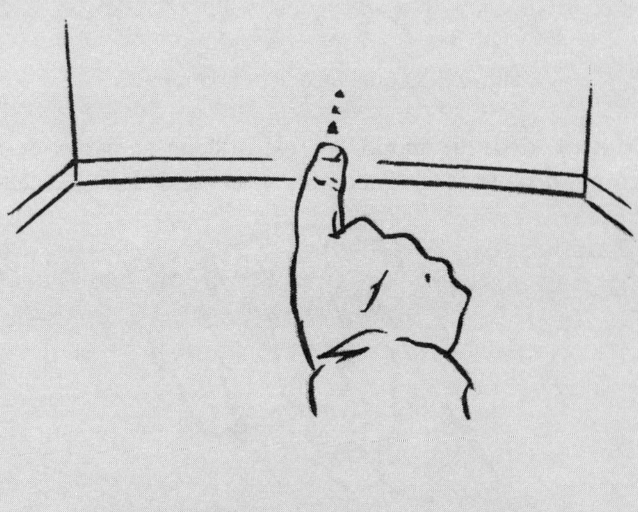

Fig. 2.1. O que você está apontando?

2. Agora, aponte para seus pés. O que você está vendo realmente? Se isso fosse uma fotografia, você poderia dizer que seus pés estavam na parte superior do retrato, e seu tórax na parte inferior – em outras palavras, de acordo com a sua percepção, seu corpo está de cabeça para baixo.

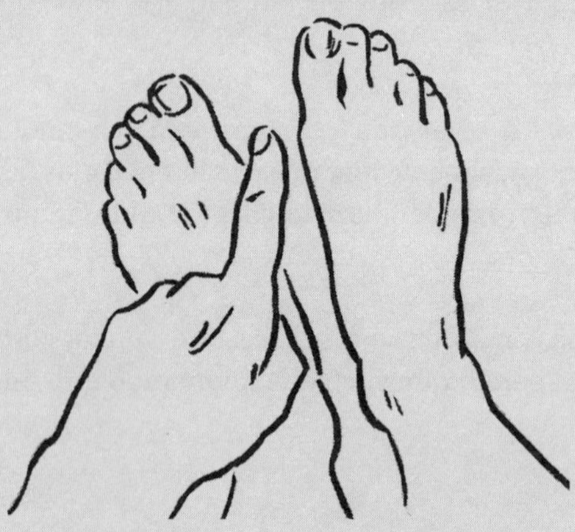

Fig. 2.2. O que você está apontando?

3. Mova o dedo de modo que ele indique as partes de seu corpo, dos pés até o tórax, prestando meticulosa atenção no

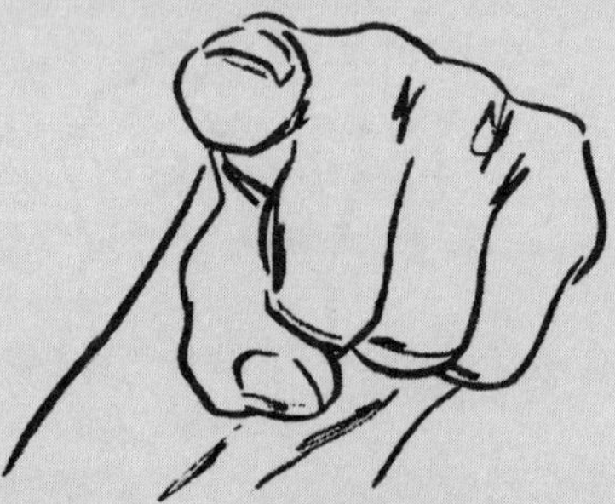

Fig. 2.3. O que você está apontando?

que você está apontando. Esse corpo para o qual você está apontando é "você"?

4. Agora, aponte diretamente para o seu rosto. Você vê o dedo indicador, mas o que ele está apontando? O que você vê? É possível ver o que você está apontando? Uma resposta honesta, eu creio, é que você não pode ver nada.

O "nada" examinado no exercício não é exatamente algo sem sentido algum, ou é? Sem usar a memória do que você vê quando se olha no espelho, o que você pode dizer sobre o que você está apontando? "Eu" estou lá, não estou?

Não há necessidade de pensar ou analisar isso – limite-se a apreciar a percepção direta, sem palavras, do estar sem "ser" algo em particular. Se você é capaz de fazer isso, está no "agora".

E, como já dissemos, o "agora" é o momento mais feliz de sua vida!

Douglas Harding é um excelente professor que, a partir dessa simples idéia, desenvolveu uma metodologia maravilhosamente direta para atingir a iluminação. Ele tem sido descrito carinhosamente como um "maroto espiritual", o que significa que ele não precisa das instituições espirituais tradicionais (embora ele as respeite e seja conhecedor dessas doutrinas).

Renúncia

O momento presente é a ocasião mais feliz de sua vida se você for capaz de se concentrar nele apesar do esforço da mente para desviar sua atenção. Por exemplo, você pode ter maus hábitos, como fumar e beber, que o fazem se sentir doente e infeliz, ou viver preocupado, ou então ficar absorvido pelo trabalho. Um modo de reduzir o número de coisas que o afastam do presente é a renúncia.

Renúncia é uma idéia extraordinariamente desagradável para a mente moderna. "Se você quer, vá e alcance!" – Não é isso que dizemos o tempo todo? A idéia de que é melhor dar algo de que você goste (renúncia) do que obter tudo o que puder (satisfação) cai como uma bola de chumbo na maioria das pessoas.

Mas realmente funciona. Há algo muito poderoso e misterioso na renúncia. Ao optar por não se satisfazer a todo momento, a pessoa se fortalece.

Gandhi costumava dar palestras apenas uma vez por semana. Mesmo quando havia uma emergência – e, para um homem ocupado como ele, freqüentemente havia – ele não falava, mas escrevia bilhetes em resposta.

Quando você decide abrir mão de alguma coisa, sua determinação é posta à prova de imediato. Suponha que você prometa a si mesmo jejuar o dia todo. Inesperadamente, alguns amigos podem resolver visitá-lo, levando alguma coisa deliciosa que eles prepararam especialmente para você. Então você pensa: "Preferia que isso não tivesse acontecido justo hoje. Não posso recusar, senão magoarei os sentimentos deles. Vou comer o que eles prepararam e jejuarei amanhã." Você come e falha no teste.

Realmente não importa o que você está determinado a fazer. O mais importante é manter o juramento. Comece com pequenos votos, como: "Ficarei sentado aqui pelos próximos trinta minutos, não importa o que aconteça." Depois de cinco minutos, o telefone tocará, ou você repentinamente se lembrará de uma tarefa urgente, ou sentirá vontade de ir ao banheiro – e sua tentativa terá chegado ao fim.

A meditação é isso: treinar a mente para ser disciplinada e quieta. Você se senta e focaliza a atenção sobre algo, como por exemplo a respiração. Ótimo – mantenha por uns dez segundos. Então a mente começa a divagar. Você conduz a atenção de volta para a respiração. A mente divaga novamente, e você conduz a atenção de volta. Ela divaga. Divaga e volta, divaga e volta. Depois de um tempo, a mente pára de divagar, e você se concentra.

Então alguma outra coisa acontece, pode ser uma súbita dor no corpo ou um pensamento importuno: "Eu me esqueci de pagar a conta do telefone." Pode ser um temor, como: "Meu filho vai acabar ficando viciado em drogas se continuar andando com aqueles garotos do bairro."

Seja qual for o conteúdo da distração, reconheça que ela é um teste para sua determinação e ignore-a. Não lute contra ela, volte a atenção para a respiração.

A meditação é a renúncia derradeira. Você está renunciando a todas as atividades e pensamentos por um tempo, apesar de estar desperto. A mente não está acostumada e não gosta disso; ela está habituada a uma atividade incessante durante todo o período em que você está acordado.

Se praticar esse tipo de meditação regularmente, você será capaz de realizá-la por períodos cada vez mais longos. No entanto, isso não significa que tenha se tornado mestre em alguma coisa. Quanto mais tempo você ficar sentado, mais sutil e profunda será a distração: aflições, estranhas alucinações, lembranças há muito esquecidas e assim por diante.

Às vezes essas distrações podem ser encaradas como os "frutos" da prática; conforme a tradição, elas não são discutidas com detalhes em público, porque são fascinantes e podem se tornar um vício, mas é possível considerá-las como habilidades mentais especiais que foram estimuladas por meio da quietude da mente.

Para ilustrar esse tipo de desvio da atenção, imagine que, depois de uma prática prolongada de meditação, você descobre que a sensibilidade de seu olfato aumentou bastante, tanto que ele parece agora com o olfato de um cachorro ou de um gato, sendo possível perceber, a partir dos minuciosos traços de odor, a totalidade de coisas que aconteceram alguns dias antes num determinado lugar. E suponha que você pudesse usar essa capacidade como quisesse. Conseguiria caminhar por um escritório, e saber dizer quem havia estado ali, se eles tinham mentido ou falado a verdade e quais tinham sido suas verdadeiras intenções (dado que as pessoas produzem certos hormônios segundo seu ânimo e estado mental). Você perceberia que o uso desse sentido altamente desenvolvido poderia fazê-lo ganhar dinheiro, uma vez que você teria essa capacidade de "ler" o que ocorreu em um lugar recentemente e poderia conduzir os negócios da forma mais adequada. Quanto mais bem-sucedido você se tornasse, mais viciado você ficaria em usar essa capacidade, até ficar obcecado neuroticamente pelo seu "superolfato" e pelo poder e dinheiro que essa sensibilidade lhe proporcionaria. Isso explica por que tais "frutos" não devem ser levados muito a sério. Eles são bastante agradáveis se aparecem com espontaneidade e você não abusa deles, mas se você tenta controlá-los, eles acabam controlando você.

Naturalmente, muito poucas pessoas aceitam bons conselhos, e com freqüência você descobre isso por si mesmo, experimentando esse processo na sua totalidade e por fim desistindo dele – em outras palavras, renunciando a ele.

Iluminação não é felicidade

É freqüente as pessoas que aderem a comunidades espirituais andarem o tempo todo com um tolo sorriso estampado na face, fingindo que todas as coisas são belas. De fato, místicos de todas as tradições falam muito de um estado espiritualmente "inebriado", ou comparam a vida espiritual ao êxtase próprio da paixão amorosa – mas isso não significa que a vida seja perfeita.

A vida com certeza não é perfeita, e, tanto quanto alguém possa dizer por si mesmo, ela nunca se tornará perfeita. Alguns grupos religiosos ensinam que, embora a vida não seja perfeita agora, em algum tempo, em algum outro lugar que não este mundo, todos serão felizes – ou pelo menos serão felizes os verdadeiros devotos. Eu não vejo razão para acreditar neles. Vamos trabalhar com o que sabemos – e o que cada um de nós sabe perfeitamente bem é que a vida é cheia de infelicidade e sofrimento. Não para todos nem o tempo todo, mas podemos ter certeza de que alguém, em algum lugar está sofrendo algo terrível neste momento.

Sabemos disso, mas temos de tocar a vida. No fundo de nossa consciência, porém, esse terrível pavor permanece – posso estar vivendo em um palácio cercado por uma grande quantidade de iguarias e por admiráveis amantes, mas sei, se me atrever a pensar sobre o assunto, que alguém em alguma parte não tem onde morar, que alguém está morrendo de fome e que alguém não é amado nem querido.

Não faz muito tempo, eu estava andando pela estrada de Madras, na Índia, e vi um adolescente em andrajos, mexendo numa imensa pilha de lixo, procurando restos de comida. Seu corpo estava inteiramente visível através dos trapos e foi terrível ver que seus braços e pernas pareciam pele e ossos. Ele lembrava exatamente aqueles prisioneiros nas fotos de campos de concentração nazistas, tão conhecidas no Ocidente. As pessoas reagem de maneira diferente quando são confrontadas com essas realidades, mas em geral o instinto tenta compreender – tenta formar uma rede de palavras e idéias, que ajudem a perceber que está tudo bem para nós, apesar de aquela pessoa estar sofrendo. E, como ensinava madre Teresa, é mais sensato ser prático – para tentar aliviar esse terrível sofrimento alheio, será mais eficaz você criar algum tipo de instituição do que ajudar pessoas isoladamente.

Vamos deixar os resultados práticos de lado e nos concentrar sobre aquela crença "espiritual" de que todas as coisas são belas. Isso não é o estado de iluminação; é somente uma fase, um estado de espírito. Iluminação é encarar a realidade com todos os seus horrores e belezas. Não é preciso desenvolver um corpo de idéias para "explicar" a realidade, e nem sempre essas teorias serão adequadas. Tudo o que você tem a fazer é voltar-se para a realidade como ela se revela, vendo-a como ela é e reagindo como puder.

Outra coisa que eu tenho percebido sobre essas genuínas comunidades espirituais é que a vida ali não é muito bonita, mas dura, e até mesmo assustadora – elas não são um tipo de "clube da iluminação" onde você vai passar um final de semana!

Afirmações

A afirmação assim como a renúncia, é um instrumento eficaz. Ela pode ser mal usada como qualquer outra coisa que é eficiente. As pessoas educadas por vezes reagem de modo negativo porque parece muito estúpido repetir a mesma coisa várias e várias vezes, mas a repetição é um modo de se "comunicar" com as partes mais profundas da mente – aquelas partes que são ocasionalmente chamadas de "inconsciente".

Vemos aqui três afirmações positivas:

Agora é o momento mais feliz da sua vida
Agora é o momento mais feliz da sua vida
Agora é o momento mais feliz da sua vida

Possam todos os seres ser felizes.
Possam todos os seres realizar a iluminação.

3 Se você encontrar o Buda no caminho, mate-o

Esse famoso ditado zen significa que, no final das contas, concentrar-se em uma pessoa, viva ou morta, ou em uma imagem idealizada, como Deus ou um deus, propicia um caminho para a iluminação. Entretanto, por mais que a pessoa tenha sido pura e boa – o mesmo valendo para algum sistema de crença, ideologia ou método intelectual –, no fim você terá de abandoná-la.

Tradicionalmente existem muitos caminhos para atingir a mesma finalidade, que é a iluminação, e quem pode afirmar que muitos novos caminhos ainda não podem ser inventados? Já que as pessoas são diferentes, parece razoável pensar que pode haver métodos que agradem mais a algumas pessoas do que a outras, e na prática eu tenho notado que as coisas são realmente assim. Aqui se tem um modo de categorização dos vários caminhos possíveis:

- **Trabalhar** Simplesmente fazer o bem, salvar vidas, cuidar de pessoas doentes e idosas, proteger os mais fracos e assim por diante, pode conduzir à iluminação, se você fizer isso com a mente e o coração abertos. Ao fazer o trabalho você pode chegar a ver-se como realmente é, com todos os seus defeitos, e também sentir sua ligação íntima com o resto da existência. Depende muito de vigiar suas intenções de perto – é fácil tornar-se um profissional "interessado" que está cheio de egoísmo e ambições profissionais; ou um masoquista que sente prazer com a própria desgraça e também com a dos outros. Eu não entendo por trabalho apenas obras de caridade; pois todo trabalho útil que faz bem e não causa dano pode levar à iluminação, seja produzir alimentos, fazer contas, escrever livros, vender coisas, fazer coisas, transportá-las, ensinar, aprender ou qualquer outra ocupação que ajude a fazer o mundo girar.

- **Trabalhar a Energia** Uma completa variedade das artes de trabalho corporal existe no Ocidente sob a tutela da Nova Era. Muitas delas são de raiz genuína: Hatha-yoga, T'ai Chi, Kung Fu e Qi Gong, por exemplo, são muito, muito mais que um lazer de uma vez por semana. Essas práticas levam anos para resultar em um progresso real, e você tem de se dedicar. Algumas pessoas são contra essas artes, afirmando que elas fazem quem as pratica ficar vaidoso com relação ao corpo, mas isso não é necessariamente assim – uma pessoa pode começar a ter vaidade independentemente do que faça. Não é vaidade perceber o todo do universo como uma dança, participar dessa dança integralmente, celebrar a alegria do corpo e entender sua verdadeira natureza!
- **Pensar** Este livro é parte desse caminho específico; estamos muito felizes por ter inteligência admirável; melhor, até onde sabemos, nossa inteligência é superior à de qualquer outro ser de que se tem conhecimento, então por que não usar essa qualidade construtivamente? Ponderar e aprender, pensar de modo original e a partir dos primeiros princípios são coisas admiráveis que podemos fazer com a mente. Por fim, você deve deixar o pensamento fluir, percebendo sua natureza sem ser apanhado por ele, e vendo claramente "quem" ele é, quem está pensando. Filósofos gregos, como Heráclito e Sócrates, eram magníficos exploradores das possibilidades do pensamento, fazendo perguntas simples para obter respostas sensatas e procurando a verdade com uma clareza maravilhosamente inocente.

- **Amar** Há muitos tipos de amor e inúmeras maneiras de dá-lo; pessoas com força de vontade e emoções firmes julgam muitas vezes que o melhor modo de "descobrir a si mesmo" é pelo amor devotado aos outros. O amor é uma força primordial em criação; existência absoluta é amor absoluto. O amor nunca é iludido – vê as coisas como elas realmente são, e prossegue amando.
- **Manter uma tradição** O que normalmente pensamos com respeito à observância religiosa é parte desse caminho, como é qualquer filosofia, credo ou ideologia de vida. Eles têm uma história, um programa de trabalhos sociais, um *corpus* de conhecimento, deliberações administrativas para cada problema material e psicológico que possa afetar os seres humanos e um sistema bem-estruturado de crenças e ações a serem executadas. A voz, as palavras, os cânticos e as orações são parte desse caminho – e quer você seja um rabino ou um brâmane, um marxista ou um físico, fará parte de uma hierarquia, tendo uma posição definida nela e aprovando as autoridades em sua organização. Algumas pessoas acreditam que podem progredir apenas quando fazem parte de alguma organização ou movimento, então, se você faz parte de alguma, continue nela!
- **Agir de modo intuitivo** Esse é o campo dos sentimentos espirituais e das especulações psíquicas. Muitas atividades ganham o nome de meditação tal como se define aqui (compreendendo os "estados de absorção", ver páginas 79-82). Na intuição, você está sozinho, porque não se relaciona muito bem com grupos organizados, mas se sente em contato com todas as pessoas, todos os seres vivos, todas as coisas criadas. Você é um "lírio do campo" (ver página 44), seguindo sua intuição, constantemente consciente da unicidade de todas as coisas.
- **Agir de modo arquetípico** Esse é o campo da criatividade – não a criatividade fútil, automática das agências de publicidade e dos romancistas, mas a arte de observar a natureza das coisas para perceber como elas são. Nem todos conseguem compreender o que é isto; mas se você está seduzido pelo tantra, pela yoga tibetana,

pela magia ou pela antiga religião egípcia, por exemplo, então o modo arquetípico pode ser o caminho certo para você. Você deverá percorrer esse caminho para vivenciar diretamente o que no mundo antigo se entendia por "deuses".

O modelo anterior é baseado em uma interpretação de várias idéias ocultas antigas que encontrei durante minha adolescência. Segundo essa interpretação, o famoso sistema de chakras hindu, a "Árvore da Vida" na mística judaica, o zodíaco, o tarô e muitos outros padrões de explicação de todo universo refletem um modelo que abarca tudo o que pode ser encontrado em alguma parte dele, pequena ou grande. Eu abri mão de usá-lo porque sinto que, embora possa ser verdade que há um modelo amplo e universal em que tudo se encaixa, a tentativa constante de dar sentido ao mundo por meio do encaixe intelectual das coisas, na verdade impede que você veja as coisas como elas são. Tornou-se uma barreira para mim, então eu deixei de pensar a respeito – parafraseando o título deste capítulo, eu encontrei o sistema de chakras no caminho e o matei.

Fig. 3.1. Onde tudo termina?

Matar o conhecimento?

Muitos leitores deste livro provavelmente terão em graus diferentes um tipo de "Buda" para matar, a saber, o "Buda" da ideologia profana, como ensinada em escolas e universidades por toda parte no Ocidente. Quanto maior o seu grau de instrução, mais arraigadas são as atitudes preconcebidas sobre o mundo, as quais você absorveu durante sua educação e que provavelmente usa agora em suas atividades. Em outras palavras, somos todos produto de nossa educação. Ela nos distorce, evitando que tenhamos uma experiência imediata do mundo, um experiência sem filtro. Um advogado criminal vê o mundo de um modo; um cientista, de outro; o historiador, de outro; e também o político, o economista e assim por diante. O imenso sucesso prático da educação ocidental faz que seja difícil questioná-la, já que alguém pode sempre pensar: "Quem é rico? O instruído. Quem tem mais experiência? O instruído. Quem tem mais oportunidades? O instruído."

A estrutura de nossa sociedade está estabelecida sobre a educação. Os menos instruídos estão geralmente na base, e os mais instruídos, no topo da sociedade. Não é coincidência que a maioria dos políticos em ascensão sejam advogados, por exemplo. É muito difícil conseguir um trabalho bem remunerado sem qualificação profissional, e muitas pessoas com baixo nível de escolaridade lutam desesperadamente para dar a si mesmas, ou a seus filhos, a chance de uma educação que poderá, em teoria, ajudá-los a prosperar. Em todo o processo educativo, esses fatos se repetem com insistência para nós, e todos os anos nas melhores universidades vários jovens cometem suicídio na época dos exames finais, por estarem descontentes com seu desempenho.

Quando eu estava estudando para ingressar na universidade, tive um professor de literatura inglesa que tinha obtido havia pouco tempo um excelente título acadêmico na Universidade de Oxford – o primeiro lugar em duas áreas de conhecimento. Ele era brilhante, mas isso não o tornara feliz. Pela primeira vez, ele estava fora do sistema educacional em que se sobressaíra, e as coisas não estavam indo bem. Ele estava escrevendo um romance baseado no poema anglo-saxão (de um herói do folclore popular) chamado "Beowulf," e quando o romance foi rejeitado, ele se matou – foi simplesmente muito doloroso para ele compreender que as relações comerciais não funcionavam do mesmo modo que a vida acadêmica.

Isso não sugere que não haja lugar adequado para estudar, nem que os acadêmicos estejam todos errados – meu próprio pai foi um professor que amava seu trabalho e que era capaz de integrar a atividade intelectual com uma sabedoria não-intelectual. O que quero dizer é que os eruditos excedem sua competência ao rejeitarem as experiências dos místicos e dizer que essas coisas não têm valor – o que faz que eles assumam essa posição é antes um preconceito cultural que uma objetividade científica.

No Oriente, por outro lado, é comum os místicos perguntarem aos ocidentais instruídos: "De que lhes serve esse conhecimento?" Supõe-se que baixaríamos nossas cabeças sabiamente e concordaríamos que ele não nos tem dado nada de bom. Contudo, uma resposta verdadeira pode ser: "Bem, ele me ajuda a prosperar dentro de minha sociedade, estatisticamente ele me dá uma expectativa de vida mais longa do que a sua; esse conhecimento me torna capaz de realizar mais coisas, viajar mais, saber mais, ficar mais rico, falar mais línguas e ter um entendimento mais amplo do mundo, que você jamais terá, permanecendo inativo no fim do mundo, podendo até sofrer um colapso mental por subnutrição. E mais, me agrada conhecer."

Seria errado supor que todos os tipos de instrução têm o mesmo resultado. Vivemos em uma era de especialização, e todos sabemos que ninguém pode esperar ter mais do que um bom panorama geral de todos os campos de estudo de hoje. Isso deveria ser fonte de alegria, não de tristeza!

Você só pode "matar" a vaca sagrada do conhecimento se reconhecer que pensando o tempo todo, você cessa de vivenciar o "agora". Sem dúvida, vivemos pensando e aprendendo – mas não faça isso o tempo todo. Reserve um período de cada dia, quando você não estiver fazendo nada, para aquietar a mente.

Não abuse das drogas

O abuso de drogas provavelmente aumentou na sociedade em que vivemos. Na verdade, isso sempre foi e sempre será assim. Não há legislação, terapia ou perseguição que venha a colocar um fim nisso.

A meu ver, muitos usuários de drogas são extremamente agradáveis e talentosos; eles não são, na maioria dos casos, monstros pervertidos como se divulga por aí. Apesar de tudo, a maioria dos usuários compulsivos de drogas acaba por ser destruída.

Muitas pessoas usam drogas esperando obter experiências místicas ou experiências de "realidades alternativas". A vida moderna pode ser tão terrível que muitas pessoas sentem que a única maneira de escapar do cotidiano é pelo consumo de drogas. Esse é particularmente o caso dos usuários de alucinógenos e dos tão falados "enteógenos" (produtores do deus interior); eles criam experiências bastante intensas e variadas, que muitas vezes culminam em poderosas revelações. Se você já teve esse tipo de visão, vai rir dos não-usuários dessas drogas que dizem que essas visões não são reais. Do meu ponto de vista, não há absolutamente nada de irreal nessas experiências. Porém, há três pontos preocupantes com relação ao uso de drogas:

1. Elas realmente não o tornam uma pessoa melhor. Passado o efeito, você volta a ser o que era antes. O poder das drogas faz você sentir que o único modo de "reaver" a "realidade superior" é voltando a usá-las, e muitas pessoas acabam levando vidas cotidianas sórdidas intercaladas com ocasionais aventuras psicodélicas.
2. Elas definitivamente causam problemas físicos no cérebro e no sistema nervoso. Pessoas que usam alucinógenos regularmente exibem muitas vezes sintomas de disfunção neurológica – fala desco-

nexa e hesitante, memória precária, confusão mental e incapacidade de lidar com a vida diária são problemas típicos ocasionados por ela. Muitos, quando começam a apresentar esses sintomas, interrompem o uso de alucinógenos e começam a recobrar suas capacidades, mas alguns simplesmente passam a usá-los sem parar. Como um *hippie* amigo meu comentou certa vez, "Todos os usuários compulsivos de drogas que eu conheci na década de 60 sumiram da face da Terra".

3. Elas não são necessárias! O consumo constante dessas drogas faz parecer que uma porta é aberta várias vezes, sem que você seja capaz de atravessá-la. A maioria das experiências pelos quais as pessoas passam sob o efeito das drogas (visões, por exemplo, do cosmos, visões do funcionamento interno do corpo, projeções astrais, visões da aura, telepatia, o mundo dos arquétipos, clarividência das energias da Terra, habilidades mentais grandemente desenvolvidas) pode ser alcançada por uma via mais saudável e útil, isto é, pela prática equilibrada das disciplinas ocultas e racionais.

E o que é muito mais importante – já que as experiências desses mundos "ocultos" podem ser tão corriqueiras quanto o cotidiano de alguém – as experiências que as pessoas têm quando estão sob o efeito de drogas podem ser alcançadas sem o uso de nenhum artifícios. Então, abandone-as antes que elas acabem com você!

Sem dúvida, o que eu disse anteriormente não agradará a ninguém. As pessoas que não usam drogas dirão que elas são uma tolice perigosa, enquanto as pessoas que as usam dirão que eu estou fazendo juízo de valor. Não tem importância, talvez alguém ache isso útil.

As drogas que aparentemente são menos nocivas quando usadas com moderação, como o álcool e a maconha – sejam ou não socialmente autorizadas –, não fazem muito bem a você! Não há necessidade de ficar preocupado com isto – beber ocasionalmente ou fumar um baseado não vai matá-lo – mas essas drogas bloqueiam as atividades mentais e impedem-no, enquanto você estiver sob seu efeito, de atingir a iluminação. Elas causam dano ao corpo e deveriam ser evitadas.

Autoconfiança

Sem autoconfiança não há iluminação, porque a iluminação é muito pessoal. Para as pessoas que não são religiosas a autoconfiança é muitas vezes algo evidente; se você tem a liberdade de pensamento para decidir que "não há deus", ou que "eu não tenho como conhecer todas as respostas sobre a existência", então, presume-se que você aprecia as vantagens de pensar por si.

Tanto para as pessoas que têm alguma crença quanto para as pessoas que acreditam piamente em uma ideologia materialista, tal como o marxismo, a idéia de autoconfiança, particularmente aquela que resulta do desejo de manter sua independência em todas as decisões, cria contudo uma série de dificuldades. O problema é que qualquer grande movimento ideológico, religioso ou profano, trata de reformas sociais. Ele formula um sistema de vida, esperando que seus discípulos sigam-no obedientemente. Um cristão, por exemplo, acha perigosas as idéias orientais sobre iluminação, porque elas são "antinomias", isto é, você não deve seguir um código moral prescrito para praticar a iluminação.

A tradição da iluminação não lida com problemas sociais – ela não diz como uma pessoa deve agir nem lhe dá um conjunto de respostas a serem aplicadas aos problemas sociais. Essas regras existem no budismo na medida em que ele se tornou mais uma religião e menos uma exploração da consciência e da existência, mas isso se explica, acredito, por causa da tendência natural dos seres humanos para destruir as coisas boas!

Do ponto de vista da tradição da iluminação, sistemas de crença podem muitas vezes começar bem – um líder iluminado espiritualmente surge com uma vontade desinteressada de tornar melhor a humanidade, levando nova esperança para a vida das pessoas em torno dele. Depois que o líder morre, seus seguidores começam a desorganizar as coisas, e passados uns poucos séculos, o que tinha sido um movimento de iluminação torna-se a rigor uma nova instituição, na maioria das vezes socialmente opressiva, e em certos casos oprimindo por meio de regras e costumes.

Se você não reivindicar sua própria autoridade interior e resolver tomar suas próprias decisões, terminará agindo e pensando como alguém lhe diz. Há muitas forças que querem influenciar-nos em um caminho ou outro. O governo quer que pensemos e façamos certas coisas, assim como o empresariado e muitas outras organizações. Isso porque, para ganhar poder neste mundo, você tem de ser capaz de influenciar os pensamentos e as atitudes das pessoas.

Iluminação não quer dizer adquirir poder. Ela faz você ver as coisas como elas são de verdade. Você não poderá ver as coisas como elas realmente são se pensar obedientemente o que os outros querem que você pense. Por isso, outro Buda a matar é o Buda da obediência!

Possam todos os seres ser felizes!

4 Bem e mal

No capítulo 3, eu sugeri que a desobediência é um pré-requisito para a iluminação. Isso não significa, entretanto, que a desobediência seja uma virtude por si mesma – pelo contrário, se assim fosse, todas as pessoas imaturas que nunca atingiram um desenvolvimento completo, todo psicopata e todos os radicais antiautoritarismo que se encontram em oposição ao estado comum das coisas vivenciariam a iluminação. Apenas ser desobediente não faz de você alguém mais sábio ou melhor do que aqueles a quem você desobedece. Em função da liberdade de cortar os vínculos que outros fixaram, você se vê defrontado com novas responsabilidades – deve ter mais responsabilidade para com suas ações e fazer as próprias escolhas morais.

Fazer escolhas morais implica um modo de distinguir entre "bem" e "mal". Essas são noções inteiramente humanas. Tanto quanto sabemos, outros animais não fazem distinção entre bem e mal. Alguém dirá que os animais são inteiramente bons, uma vez que eles agem segundo sua natureza; e ninguém pode dizer, por exemplo, que um animal predador que mata suas presas seja "mau", ainda que, como a marta, eles matem muito mais do que podem comer, o que aparenta ser pelo puro prazer de matar. Alguns animais parecem ser "maus", para nós, por serem perigosos ou por infligirem um sofrimento desnecessário sobre suas vítimas, mas estaremos exigindo demais deles se os julgarmos dessa forma – um animal simplesmente faz o que faz.

De todos os seres conscientes de que temos conhecimento, os homens são os únicos seres conscientes o bastante das cadeias de causa e efeito que alcançam o passado longínquo e se estendem para o futuro. Alguns animais percebem, com clareza, causas e efeitos até certo grau, mas os seres humanos podem ver mais que eles. Talvez isso seja devido ao tamanho do nosso cérebro.

Entre os seres humanos, alguns percebem melhor do que outros, as cadeias de causa e efeito. Alguns delinqüentes, por exemplo, parecem incapazes de perceber as conseqüências inevitáveis de suas ações que são claras para muitas pessoas, e acabam sendo condenados para não voltar a repetir os mesmos erros. Todos nós, contudo, entendemos bem mais as cadeias de causa e efeito que estão mais próximas de nossa vida, do que aquelas que ocorrem com pessoas e em lugares afastados. Por exemplo, os povos dos países ocidentais julgam melhor as próprias ações do que as ações dos povos de países muçulmanos, que agem em circunstâncias diferentes e num meio cultural diverso.

Para alguns, "bem" e "mal" são apenas aquelas coisas que as pessoas aqui e ali aprovam como sendo boas ou más. De acordo com esse modo de pensar, se podemos chamá-lo assim, todos aqueles que abusam de crianças são maus, como exemplo, e todas as pessoas que praticam caridade são boas. Pessoas mais reflexivas não aceitam isso, e afirmam que não existem extremos – todas as coisas têm gradações, e nenhuma pessoa é completamente boa ou má. Com certeza, não é necessário de maneira nenhuma fazer essas generalizações; se você está no "agora", simplesmente aprecia cada coisa separadamente.

Eu usei a expressão pouco usada "cadeia de causa e efeito" porque acredito que ela oferece uma pista para entendermos por que os seres humanos são tão inclinados a classificar as coisas como boas ou más. Não há fim para a relação de causa e efeito. Se você apanhar um copo e o atirar ao chão poderá dizer que isso é tudo – você pegou um copo e o atirou (a causa), e ele se espatifou no chão (o efeito). Porém, na realidade, há um encadeamento infinito de acontecimentos que levaram à causa (por exemplo, você teve de nascer, seus pais tiveram de nascer, os seres humanos tiveram de evoluir a partir de outras formas animais, o oxigênio e a água tiveram de surgir sobre a Terra, o sistema solar teve de surgir, e assim por diante) e também haverá uma cadeia infinita de acontecimentos que sucedem ao efeito (por exemplo, o copo quebrará, alguém pode consertá-lo, o copo pode ser jogado no lixo, o lixo pode ser reciclado ou enterrado, as moléculas podem finalmente sucumbir ou se tornar parte de outras coisas e assim por diante).

Pode parecer um pouco ridículo observar desse jeito um acontecimento tão simples, mas é assim que muitos sábios orientais observam todos os acontecimentos. De fato, há um tipo de meditação no qual você contempla um acontecimento simples traçando a cadeia de causa e efeito da qual o acontecimento é parte, voltando para o passado e seguindo para o futuro. Quando sua mente estiver bem tranqüila e serena, você poderá ver melhor esse encadeamento do que quando ela estiver em seu estado cotidiano.

Exercício

Exige-se muito treinamento mental para a maioria das pessoas que desejam contemplar a cadeia de causa e efeito à vontade — apesar de muitos de nós, em certos momentos, podermos ver as implicações das coisas claramente. Temos aqui um exercício básico que, se praticado regularmente, vai aperfeiçoar essa sua habilidade.

Toda noite, quando você se deitar, antes de dormir, pratique o que segue:

1. Em sua visão mental, recorde os fatos do dia na ordem inversa, começando com o que fez na última meia hora antes de ir para a cama.
2. Depois, recorde o que você fez meia hora antes disso, e siga assim até se lembrar do instante em que estava acordando.

3. Fazendo isso, você estará com efeito avançando e retrocedendo em um intervalo de tempo – começa por lembrar a última meia hora anterior e a estende adiante no tempo, depois você volta ao intervalo de tempo anterior a esse e o estende adiante. Isso pode ser difícil no começo, mas com a prática fica mais fácil.
4. Quando conseguir lembrar os acontecimentos do dia com facilidade, tente recordá-los com mais detalhes ainda – todo movimento, toda palavra proferida pode ser lembrada com a prática.
5. Outra via, é recordar não apenas os fatos do dia, mas os dos dias, semanas, meses e anos anteriores até que você recorde sua vida desde o seu nascimento.
6. Não faça o exercício com um esforço muito grande. Não há nada de mais em dormir, ou em se pegar sonhando com coisas estranhas que vêm à sua mente. Se você fizer o exercício com regularidade, sua mente o ajudará a se lembrar das coisas por caminhos que você não imaginaria.

Fig. 4.1. O que veio primeiro? O que veio antes? O que veio antes disso? E o que veio antes disso?...

Karma

A idéia de "karma" foi concebida observando-se a cadeia de causa e efeito. Karma é uma noção muito mal-entendida no Ocidente – e no Oriente também! Karma não oferece apenas uma simples explicação de todas as coisas – ele não faz crer por exemplo que se você é mau em sua vida, reencarnará como um animal. Karma é simplesmente um modo de descrever a imensa complexidade e, no final das contas, a incompreensível interação das causas e efeitos no mundo e dentro de nós mesmos. Como seres humanos, podemos perceber com clareza apenas uma pequena parte dessa cadeia, e para sermos práticos, utilizamos regras simples – trabalhando com hipóteses – para fazer julgamentos e cuidar da nossa vida.

É aí que os códigos morais aparecem – todos têm algum tipo de código pessoal que usam para tomar decisões na vida diária. O código de um homem, no caso, pode incluir a idéia de que ele não deve bater em sua namorada mesmo que queira. Essa é uma idéia simples e proveitosa, visto que ele não pode se sentar e pensar, do começo ao fim, em todas as conseqüências de suas ações toda vez que se sentir impelido a agir. Às vezes, ele pode pensar e conversar com outra pessoa sobre o que fazer, mas a maior parte do tempo ele apenas possui essas pequenas regras na mente. Como isso acontece? Talvez porque seus pais e professores tenham lhe ensinado que não se bate nas pessoas. Talvez porque ele tenha conhecido uma mulher que sofreu muito por causa do namorado que batia nela. Ou talvez no passado ele tenha batido na namorada e se arrependa disso. Se você pensar com cuidado, verá que todas as regras da sociedade se desenvolvem durante um longo tempo e são moldadas pelas experiências e comportamentos humanos de um modo muito complicado.

Sendo a moralidade tão complexa e ambígua, muitas pessoas ficam receosas de pensar profundamente sobre ela. Uma pessoa que argumenta melhor do que você pode ser capaz de vencê-lo em uma discussão; isso preocupa tanto as pessoas que elas procuram respostas prontas. Você deve ter força para entender que, embora possa estar certo sobre um determinado assunto, talvez haja pessoas que jamais concordarão com você e com as quais você pode não ser capaz de chegar a um acordo. Por essa razão, o conselho tradicional tem sido sempre conter a conversa com outras pessoas sobre suas convicções morais pessoais. Há neste mundo muitas pessoas que têm um prazer pernicioso em brincar com os sentimentos alheios.

Uma amiga minha, brasileira, tem uma frase brilhante que lida muito bem com esse tipo de agressão mental. Ela pergunta a si mesma: "Eles põem comida em minha mesa?" No caso, a resposta é sempre "não", porque ela faz questão de ser completamente auto-suficiente. Para ela, o fato de que ninguém a sustenta, faz que ela se lembre de que não necessita de ninguém para sobreviver.

Embora eu acredite que você pode cultivar a sensibilidade de modo a poder realmente ver os mundos interiores de outras pessoas, aqueles de nós que não podem fazer isso, são úteis por ignorar o ponto de vista de outras pessoas. Se você cuida de sua própria vida, se sustenta, se veste e se protege de situações ruins, então não preste muita atenção ao que os outros pensam sobre o que você deve fazer. Lembre-se de que você, apenas você, é responsável por sua própria vida. Pergunte a si mesmo "Eles põem comida em minha mesa?"

Mas e se for seu chefe quem está se aproveitando de você? Seu chefe é a pessoa que põe comida em sua mesa. Nesse caso, você deve se lembrar de que embora possa adorar a empresa para a qual trabalha, ela não o adora. No final das contas, você estará só quando se aposentar, então não tenha muito medo de encarar sua "solidão" agora. Os empregadores freqüentemente usam o fantasma do desemprego para manipular seus funcionários. Seja corajoso e não deixe que eles façam isso com você.

O valor da vida

A vida é extraordinária e maravilhosa. Tanto quanto podemos dizer do mundo que nos cerca, apenas os seres vivos são conscientes. Uma vez que viver é um prazer, não apenas para nós, humanos, mas também para os animais e de um modo específico para as plantas, como bem sabem as pessoas que lidam com elas, é uma verdadeira ignomínia privar qualquer ser vivo da vida. A vida é muito breve. Esses sentimentos estão próximos do vegetarianismo dos hindus e do espírito de preservação do mundo moderno.

Os jainistas, um grupo religioso que nasceu na Índia na mesma época que o budismo, levaram essa idéia às últimas conseqüências: os monges jainistas usam véus de modo que não possam acidentalmente aspirar algum pequeno inseto e matá-lo, e varrem o chão à sua frente enquanto caminham para não pisar acidentalmente sobre alguma criatura viva. Embora eu louve o impulso de tomar essas precauções, isso parece realmente impraticável! Pois a biologia mostra-nos que há muitos seres viventes microscópicos que matam e são mortos dentro e fora de nós o tempo todo. Dessa forma, na verdade, não temos mais esperança de deixar de matar alguma criatura viva.

Como outros animais, às vezes precisamos matar para nos proteger ou proteger a vida de outras pessoas. Ainda que isto seja raro em nossa sociedade supostamente civilizada, essas situações ocorrem. Recentemente, um conhecido meu foi assaltado e ameaçado de morte enquanto passava férias na Guatemala. Se para salvar a própria vida ele tivesse de matar o assaltante, eu duvido que as pessoas pensassem o pior dele.

Entretanto, o assassinato raramente ocorre do jeito que acontece nos filmes, pois é incomum ser tão simples. Apesar de me sentir feliz por nunca ter matado um ser humano, eu já vi uma pessoa assassinada e conheço pessoas que mataram na guerra. "Os homens amam a guerra, e as mulheres amam os guerreiros", assim diz o ditado, e é claro que os seres humanos de ambos os sexos são perfeitamente capazes de matar os seres de sua espécie – como outros animais, somos assassinos por natureza. Em um clima de violência muitas pessoas assumem com muita facilidade um modo de sobrevivência agressivo.

Muito se pode dizer sobre assassinato, mas nada se mostra de modo tão claro quanto vivenciá-lo diretamente, seja como participante, seja como observador. Se isso aconteceu com você, você não se sente muito inclinado a dar sua versão dos fatos, exceto, talvez, para dizer que é um fato desesperadamente desnecessário e triste – e outra pequena regra é acrescentada ao seu código moral!

Segundo a tradição da iluminação, esse famoso ensinamento de Jesus expressa o valor e a beleza especial da vida:

"Olhai os lírios do campo, como eles crescem; e não trabalham nem fiam. E no entanto, eu vos asseguro que nem Salomão, em toda a sua glória, se vestiu como um deles."

Mateus 6:28

Como nosso comportamento se altera quando estamos desesperados

Quando a vida segue em paz e estamos fazendo o que temos de fazer, é fácil imaginar todos os tipos de generalidades sobre o certo e o errado. Quando as coisas vão mal, temos de deixar de lado muitas dessas idéias. Eis um conto zen que ilustra bem isso:

Em uma época de guerra e pestilência, um homem ficou tão faminto que decidiu tornar-se ladrão. Deixando as portas da cidade, ele viu uma mulher cortando os cabelos de um cadáver para trocá-lo por comida. Aproximando-se dela, ele perguntou o que ela estava fazendo. Ela explicou que estava tão faminta que se viu forçada a praticar aquele ato hediondo. O homem então tomou as roupas da mulher, explicando que ele também era vítima da necessidade.

A moral da história é que as pessoas às vezes fazem coisas más por causa de seu desespero. Pode-se argumentar que é mais aceitável praticar uma má ação em tempos de necessidade do que quando você realmente não necessita. Seria preferível ser coerente, mas ninguém pode dizer com certeza como agiria se fosse exposto a uma situação extrema. Como você julgaria, por exemplo, as inúmeras prósperas famílias burguesas que foram condenadas à prostituição e ao roubo em Beirute durante a destruição do Líbano? Quando você está lutando pela sobrevivência, seus valores e prioridades mudam.

Querer o bem

Na tradição da iluminação, não nos preocupamos muito em criar um código moral que possa ser aplicado a todas as situações; fazer isso é quase como se faz com as leis – você formula uma regra que parece funcionar, e então surge uma nova situação que prova que ela é anacrônica, e você tem de conceber uma nova regra. Fazer o que você sente com sinceridade ser o certo no momento e estar disposto a rever suas idéias é um método prático para essa questão.

Há uma coisa que você pode fazer, entretanto, que é muito benéfica não apenas para você mas para o resto do mundo também. É a prática do "querer o bem", conhecida pelos budistas como *metta*. *Metta* tem um misterioso poder de transformação sobre a mente. O exercício abaixo apresenta uma maneira de despertar o *metta*.

Exercício

1. Sente-se confortavelmente com as costas retas.
2. Concentre a mente para controlar o ritmo natural de sua respiração.
3. Pense em si mesmo. Transmita a si mesmo seu calor, seu amor. Deseje a si o melhor em todos os aspectos da vida. Tenha realmente bons sentimentos e amor para consigo. Aceite-se como você é, com todos os defeitos, e ame-se.
4. Pense em alguém que você verdadeiramente ama. Normalmente pede-se que as pessoas pensem em suas mães, mas se por acaso você não ama sua mãe, pense em alguém que você ama completa e incondicionalmente. Deseje a essa pessoa o melhor em todos os aspectos da vida dela. Mantenha

essa pessoa na consciência e transmita bons sentimentos e amor para ela.

5. Pense nas pessoas que estão fisicamente próximas e transmita os mesmos sentimentos de "querer o bem" para elas.
6. Pense em toda a área em que você mora, e transmita os mesmos sentimentos de "querer o bem" para todos que vivem ali.
7. Pense no país onde você vive, e transmita os mesmos sentimentos para todas as pessoas, animais e plantas desse país.
8. Pense em toda a região do mundo onde você vive e transmita os mesmos sentimentos a todas as pessoas, animais e plantas dessa região.
9. Pense em todo o mundo e transmita os mesmos sentimentos para todas as pessoas, animais e plantas que existem.
10. Pense no sistema solar e transmita os mesmos sentimentos para cada canto dele, para cada pequeno espaço vazio, para cada pedaço de rocha e molécula de gás.
11. Pense no conjunto da Via Láctea e transmita os mesmos sentimentos para cada partícula de matéria, animada ou inanimada.
12. Pense em todo o universo e transmita os mesmos sentimentos a todo ser sensível e a todo objeto.
13. Pense em todos os universos possíveis que existem ou que podem vir a existir e transmita os mesmos sentimentos para todas as coisas que existem ou podem vir a existir.
14. Volte a atenção para si e fique quieto, concentrando-se sobre o ritmo de sua respiração.
15. Diga em voz alta: "Possam todos os seres ser felizes."

Ninguém é perfeito. Todos nós fazemos coisas boas e más.
Todos precisamos de amor.
Possam todos os seres ser felizes.

5 Eternidade

A eternidade não é um assunto sobre o qual as pessoas gostam de conversar; se você o fizer, estará sujeito a ser rotulado de sonhador. Não parece ter nenhuma utilidade ponderar sobre esses "imponderáveis". "O que a eternidade tem a ver com a minha vida aqui e agora?", você pode perguntar.

A eternidade tem tudo que ver com o aqui e agora. Ela tem sido relegada a um plano secundário enquanto nos concentramos no trabalho, no prazer e no dinheiro, em ofender uns aos outros e em todas as outras coisas que supostamente são mais reais e mais relevantes.

Mas quando relaxamos e ficamos em paz, os pensamentos sobre a eternidade nascem em nosso interior. Assistimos a documentários científicos na televisão sobre a vastidão do cosmos. Olhamos atentamente para o pôr-do-sol. Visitamos as regiões campestres para escapar da competição desenfreada. Assistimos a filmes que nos mostram outras vidas, outros lugares e outros mundos. Muitos de nós gostam de fantasiar sobre alienígenas, espíritos, ou de se imaginar como espiões ou mestres do crime. Ouvimos música.

Então, na segunda-feira de manhã, voltamos para o trabalho e para a "realidade". Sonhar demais, pensamos, faz mal – nos faz parar de ganhar dinheiro.

Quando crianças, admirávamo-nos com as novidades do mundo, com sua riqueza e imensidão. Agora que crescemos, paramos de considerar o mundo como um todo, ou o colocamos em um compartimento especial chamado "tempo livre", para ser guardado à parte do resto de nossa vida e confinado dentro de certas horas apropriadas.

Conversar sobre a eternidade é geralmente considerado um mau hábito. Se você quer realmente estragar um jantar tente iniciar o assunto.

Há um romance de ficção científica chamado *Stranger in a Strange Land* [Um Estranho em uma Terra Estranha], de Robert Heinlein, que foi muito apreciado pelo movimento Flower Power (Poder da Flor) na década de 60. Ele introduziu um verbo interessante, "to grok" (um termo inventado), que significa contemplar uma coisa, ficar completamente absorvido nela, criar empatia e fundir-se com ela, ou seja, tornar-se um com ela. Os *hippies* costumavam falar sobre a importância da fusão.

Essa fusão é o conteúdo de nossos sonhos – a literatura contemporânea e os sonhos são repletos de histórias de fusão, de tornar-se um, da transferência da identidade de algo para... alguma outra coisa. No fundo de nossa consciência, alguma coisa está nos impelindo para a fusão.

Se você se perde na beleza de um pôr-do-sol, está se fundindo com ele. Se assiste a um documentário de televisão sobre a infinidade do cosmos, está se fundindo com ele.

Tudo isso pode soar como ficção científica e tolice, mas não há nada de novo nisso. No Oriente todas as coisas costumam tomar o sentido de eternidade, isso faz parte da cultura da fusão. Os indianos gostam de dizer que os ingleses inventaram o críquete para dar a si próprios uma concepção de eternidade.

A comunhão com a eternidade não usa palavras. É saudável, também, para o nosso ser interior – nós nos sentimos mais fortes e integrados por causa dela. Ela traz o bem-estar a nós. Ir a uma galeria de arte, ou a um templo, ou a uma região campestre ajuda a alcançá-la com mais facilidade – mas na verdade nada pode fazer isso. Olhar as coisas como elas são, sem pensar sobre elas em particular, esse é o caminho.

Os seres humanos não são importantes

Eles realmente não são importantes! A cultura ocidental é baseada na noção oposta – a de que os seres humanos são o que existe de mais importante, que Deus tem uma atenção especial para conosco e que acima de tudo o universo inteiro é um brinquedo especial para nossa diversão.

Imagine por um momento que em outros lugares, fora daqui, na vastidão do espaço e do tempo, há seres sensíveis de inteligência igual à dos humanos. Pode ser que esses seres sejam ainda mais voltados para si e para seu próprio ambiente – talvez um dia possa ser provado que os golfinhos são tão inteligentes como os humanos. Sendo tão inteligentes como nós, esses seres não-humanos poderiam se admirar com o que eles estão fazendo aqui, o que é o universo, o que tudo isso significa, e todas as outras questões existenciais a que todos os sistemas de crença tentam responder. As respostas que eles alcançaram poderiam ser diferentes das nossas, talvez, mas elas poderiam também ter alguns elementos em comum com as nossas.

Tudo isso não passa de especulação, é claro, e se você for realmente obstinado, dirá que é uma especulação inútil. Tanto quanto sabemos, somos as únicas criaturas capazes de contemplar o sentido da vida, e por isso talvez estejamos certos em dizer que isto nos dá uma importância particular no grande esquema do universo.

Seja como for, eu duvido disso. Somos um rebanho de animais falantes, vivendo sobre um pequeno planeta que orbita ao redor de uma estrela média em uma extremidade da vasta Via Láctea, sendo ela apenas uma dentre um número enorme de outras galáxias espalhadas por distâncias inimagináveis, sendo todo palmo de vida de nossa espécie destinado a permanecer apenas por uma fração infinitesimal de vida do universo – e, se pensarmos como na tradição oriental, que o universo em si é visto como apenas um dentre infinitos universos – pode alguém indiscriminadamente acreditar com seriedade que somos o centro de tudo?

Isso é assustador. É impossível compreender. É aterrorizante. É inefável. A realidade é maior que nós, e ainda que começássemos a compreendê-la totalmente, ela poderia nos destruir. Para usar uma expressão tradicional, Deus é terrível.

Pessoalmente, não tenho nenhum problema em atribuir à palavra "Deus" o mesmo significado das palavras "totalidade" ou "realidade". Para algumas pessoas, no entanto, isso é problemático. Ao acreditar que "Deus" é uma idéia criada pelos seres humanos, elas acreditam que essa idéia é enganosa, que ela é uma desculpa para o pensamento pouco profundo. Outras pessoas acham que "Deus" é um homem velho e barbado, ou um moralista, ou um certo número de noções.

Se a palavra "Deus" o incomoda, ou por conter muitas associações negativas, ou por parecer não permitir um modo de ver as coisas como elas realmente são, então estou seguro de que é correto abrir mão da palavra, mas também estou seguro de que é correto usar a palavra "Deus" como um sinônimo para realidade, em seu mais generoso e vasto sentido se você assim o quiser.

Do ponto de vista da tradição da iluminação, realmente não importa o que você chama de Deus e não importa se você é religioso, agnóstico ou ateu. O que permanece é o fato de que todos sabemos que a realidade é maior que nós. Isso é assustador. Não fuja dessa realidade – volte e enfrente-a. Como uma pequena partícula a mais no vasto universo, peço-lhe que reconheça o quanto nós seres humanos somos realmente sem importância – insignificantes, inúteis, simplesmente sem importância.

Segundo a tradição indiana, o universo tem um som, *om* ou *aum* – três silabas, *a*, *u*, *m*. Você provavelmente sabe como ela é escrita em sânscrito:

Fig. 5.1. *Om* em sânscrito.

A etimologia pode ser falsa, mas alega-se freqüentemente que "*amém*" e *om* são a mesma palavra, o grande som do universo.

Possam todos os seres ser felizes.

Possam todos os seres ser iluminados.

Amém.

6 Morte

Diz-se que os outros animais não sabem que vão morrer. Considerando-os como irreflexivos, isso bem pode ser – e o mesmo se aplica às pessoas. Nas sociedades modernas a morte é institucionalizada e deixada de lado em sistemas regulamentados; nós não a vemos todos os dias. Em países pobres, você vê a morte o tempo todo, e isso torna as pessoas mais conscientes em relação a essa realidade.

A morte é a grande equilibradora – por mais rico e inteligente que você seja em vida, ao morrer você é exatamente como qualquer outro: morre sozinho, ainda que você esteja cercado pelas pessoas que ama.

Exercício

Para este exercício passe uns poucos minutos pensando sobre como pode ser a morte.

1. Tente imaginar o processo de morrer. Tente sentir como poderia ser seu coração parando de bater, as atividades de seu cérebro sendo interrompidas, seu organismo parando de funcionar.

2. Imagine o que acontece com o corpo depois da morte. Se ele for cremado, vai reduzir-se a cinzas rapidamente, queimando até se transformar em quase nada numa fornalha. Se ele for enterrado, vai se decompor. As bactérias no interior de seu corpo, inclusive as bactérias benéficas do estômago que ajudam na digestão dos alimentos enquanto você está vivo, começam então a se alimentar de sua carne.
3. Os primeiros estágios de putrefação são os mais terríveis porque neste período o corpo ainda tem a aparência de quando estava vivo, apesar de já estar horrivelmente deteriorado, apresentando cores e odores horríveis. O cadáver em estado de decomposição na verdade representa perigo para os outros seres humanos por causa do risco de infecção.
4. Depois de um tempo o abdômen explode, e a carne apodrece totalmente. O esqueleto permanece ligado ainda pelos tendões. E já não é mais tão terrível de se ver.
5. Finalmente os tendões se desfazem, e fica apenas um conjunto de ossos.
6. Depois de muito tempo, dependendo do ambiente ao redor, os ossos desfazem-se em moléculas que são absorvidas por outros elementos, servindo de alimento a plantas e animais e de fertilizante para o solo.

Isso é tudo! Uma vez você caminhou sobre a terra, e depois não mais, e seu corpo se dissolveu novamente em uma massa de matéria da qual você veio.

Isso é tudo?

De um ponto de vista puramente físico, a morte é o ponto final para os seres vivos. Muitas pessoas não conseguem aceitar que a morte seja o fim. Se não tivermos vivenciado a morte de alguma pessoa querida, podemos simplesmente levar nossa vida e ignorar o assunto, mas tão logo as pessoas que conhecemos e amamos comecem a morrer, já que elas inevitavelmente irão morrer algum dia, vamos nos espantar com o significado disso tudo.

Estratégias de luto

Antes de fazer mais especulações sobre a existência após a morte ou sobre o significado da morte, vamos ver algumas coisas que acontecem às pessoas desoladas pela perda de entes queridos.

Como nos sentimos quando morrem as pessoas que em vida influenciam muito nossas ações? Diante da morte de certas pessoas pode-se realmente dizer: "Que bom que nos livramos dela." Há pessoas neste mundo que são tão cruéis e más para aqueles que vivem ao seu redor que sua morte é como uma bênção para os outros. Deve-se esperar que nos sintamos culpados por ter sentimentos assim, mas não vejo motivo para isso. Eu não acho que seja bom alegrar-se com a morte de alguém ou dançar sobre seu túmulo – isso é sórdido! – mas é uma hipocrisia fingir que uma pessoa foi admirável quando na verdade ela não foi. Uma vez estive em um funeral em que o pregador começou seu discurso dizendo que "Fulano não foi um bom homem. Ele foi um grande homem." Todos ali reunidos, até mesmo sua esposa e seus filhos, sabiam que isso era verdade.

A morte provoca reações muito diversas naqueles que ficam. Há mortes trágicas, mortes sem sentido, mortes misericordiosas, mortes felizes, mortes horríveis, mortes infelizes e assim por diante. Muitas pessoas se sentem compelidas a conversar sobre o falecido, o que é saudável, na medida em que ajuda a refletir de verdade sobre a vida das pessoas e sobre a condição humana em geral.

Acredito que, para as pessoas mais afetadas pela morte de alguém, é importante reconhecer que o processo de aceitação é muito demorado. Você não pode tomar qualquer decisão apressada – perder alguém mais velho que teve muita influência sobre sua formação, como um de seus pais, tem um efeito muito forte sobre seu senso de identidade, uma vez que durante toda a sua vida você sempre soube que aquela pessoa estava ali, pronta para ajudá-lo e aconselhá-lo. Agora ela partiu, e você não é mais uma criança – de algum modo, você tem que tomar para si o papel antes designado a ela, e incorporá-lo como seu.

Com todas as nossas neuroses e confusões modernas, a morte dos pais freqüentemente gera sentimentos confusos. Nós os amávamos mas também os odiávamos – brigávamos com eles ou éramos magoados por eles. Todos esses sentimentos vêm à tona violentamente com a morte, e já não há ninguém por quem sentir ressentimento ou com quem discutir. Eles se foram, e nós ficamos com nossos sentimentos mal resolvidos. Devemos ser pacientes e permitir que o processo de assimilação psicológica tome seu curso dentro de nós.

Quando minha mãe morreu, as duas pessoas que ficaram mais marcadas pela sua morte foram uma prima e eu. Minha mãe teve um derrame cerebral e foi levada ao hospital. Cheguei e sentei ao lado de sua cama, enquanto via seu corpo lutando para respirar, prejudicado pela secreção (ela estava na casa dos setenta anos e fumava muito). Eu falava com ela, esperando que ela pudesse me ouvir. Com muita freqüência uma enfermeira usava um tubo para extrair a secreção. Minha tia telefonou de outro país, e eu lhe disse que minha mãe estava morrendo. Ela não acreditou em mim.

Minha prima chegou ao hospital e encontrei-a no corredor. O acontecido a deixara nervosa, e ela começou a me criticar por todas as coisas que achava erradas em meu comportamento e em meus sentimentos por minha mãe. Eu poderia me sentir muito ofendido, mas estava claro que ela fazia aquilo por estar sofrendo, e não por querer realmente me magoar.

Nós nos sentamos por horas ao lado da cama, vendo minha mãe lutar para viver e ir ficando cada vez mais fraca. Finalmente ela morreu. Como soubemos? Ela deu um suspiro e parou de respirar. Naquele momento estávamos tomando chá. Ficamos em silêncio por um longo tempo. Em minha simplicidade, tomei um gole de chá. Minha prima ficou zangada, achando que aquilo era um desrespeito. Sem me incomodar com sua raiva, deliberadamente dei um novo gole. Ela recebeu a mensagem e ficou quieta. Eu estou relembrando isso não para dizer que agi corretamente, mas para descrever o que estava se passando dentro de mim no momento da morte. De certo modo, eu sentia que era importante lembrar da parte "terrena" de tudo isso, e meu modo de fazer isso era tomando meu chá. Às vezes depois de uma morte ou um funeral as pessoas vão para casa e fazem amor freneticamente – do meu ponto de vista isso não é loucura, mas um modo de reafirmar os opostos – vida e morte, desenvolvimento e decomposição, felicidade e tristeza. Então não se oprima com culpas se você se comporta de modo estranho quando alguém morre!

Essa é a descrição de uma morte; nem todas são assim. Depois da morte vem o funeral, um momento em que as pessoas que conhecem o falecido vão ver a pessoa pela última vez como ela era. Essa é uma cerimônia muito útil porque a morte pode ser tão chocante, tão desestabilizadora que muitas pessoas não a assimilam. Você pode saber racionalmente que uma pessoa morreu, mas isso não parece ser real. Ver o caixão sendo baixado para a cova ou sendo consumido pelas chamas é uma prova de que a pessoa se foi – e ajuda os desolados pela perda do ente querido a compreender o que realmente aconteceu.

Na Itália, o corpo é exibido no caixão aberto durante o funeral. Na Índia, ele é queimado publicamente, com um pregador ou parente esmagando o crânio do falecido para que ele não exploda nas chamas. Pode parecer horrível, mas não é. É apenas outro modo de garantir que as pessoas estão realmente vendo o que está se passando.

Tudo isso é saudável e torna a morte mais fácil de ser suportada. Quando alguém morre longe ou em circunstâncias em que não há funeral, os parentes têm uma sensação de incerteza e ficam de luto para o resto de suas vidas. Aquela parte da mente que com freqüência pergunta: "E se..." não tem fatos tangíveis para considerar, e então continua se incomodando com o problema.

Muitas pessoas bem-intencionadas tentam dizer coisas sem fundamento para fazer que os parentes se sintam melhor. "Ele está no céu agora", por exemplo. Como eles sabem onde a pessoa está, ou que a pessoa ainda existe? A resposta rápida é, obviamente, que eles não sabem. Nenhum de nós sabe.

Há uma história de uma pobre mulher que tinha sofrido muitos desastres e perdido muitos filhos. Quando seu último bebê morreu, a dor foi muito grande para ela. Então ela passou a vagar, levando nos braços o corpo do bebê, procurando por alguém que pudesse realizar o milagre de trazê-lo de volta à vida. Finalmente, foi ao encontro do Buda, contou-lhe a história e pediu a ele para reviver sua criancinha.

Vendo que ela não estava em condições para conversar, o Buda disse que poderia trazer o bebê de volta à vida se ela pudesse levar a ele algumas ervas colhidas no jardim de uma casa onde não houvesse ocorrido mortes. Ela foi procurar a casa. E procurou por muito, muito tempo. Por fim compreendeu que esse lugar não existia – todo lar sofre com a morte.

Voltando a se encontrar com o Buda, ela finalmente entendeu a inevitabilidade da morte, e repousou o corpo do bebê aos pés do Buda.

Morte e realidade

A morte é muito real. Não há como fugir dela. Quer as circunstâncias fossem agradáveis ou desagradáveis, quer o falecido tenha tido uma vida completa ou tenha partido antes de realizar todo o seu potencial, quer a morte tenha causado adversidades para outros ou tenha sido útil, não faz diferença; a morte é o fim, e nada há que se possa fazer com respeito a ela. Aceitar a morte e enfrentá-la em vez de tentar apagá-la de nossa mente ou encobri-la com fantasias fará com que consigamos superar a dor.

Em 8 de junho de 1972, uma pequena aldeia no Vietnã foi bombardeada com napalm. Uma garota de nove anos, Phan Thi Kim Phuc, perdeu seus dois irmãos no ataque. Arrancando suas roupas em chamas, ela correu nua ao longo da estrada onde passavam os soldados americanos, gritando de medo e de dor, e alguém a fotografou. Essa foto venceu o prêmio Pulitzer e tornou-se uma das mais famosas imagens da Guerra do Vietnã, ajudando a colocar a opinião pública contra o conflito.

Agora, Kim Phuc está casada, tem um filho e mora em Toronto, Canadá. "Sou feliz porque vivo sem ódio", ela disse. Em 1996, ela compareceu como convidada ao Encontro dos Veteranos da Guerra, realizado em Washington e o soldado americano que ordenou o ataque com napalm pediu perdão com o rosto coberto de lágrimas. "Tudo bem" disse Kim, "eu perdôo, eu perdôo."

Vida após a morte?

Ninguém sabe o que acontece depois da morte. Muitos de nós têm esperança na imortalidade, por mais que vivam o tempo inteiro voltados para seus afazeres e seus filhos, ou obcecados com a saúde e o condicionamento físico. A crença na reencarnação é com freqüência uma manifestação de esperança na imortalidade.

Já que temos consciência de que não sabemos o que acontece depois da morte, por que não aceitamos o inevitável?

Ao longo da história, a maioria das pessoas sempre acreditou em alguma forma de vida após a morte. Se você é um ateu convicto, poderá dizer que essa crença persiste porque as pessoas não podem aceitar o fato da aniquilação de sua vida. Se você é um espiritualista crédulo, poderá dizer que recebeu algum sinal de que o espírito de alguém que morreu vive. Se pertence a alguma religião, então você terá uma doutrina para explicar o que acontece após a morte. É a dor da perda que une a todos – quando alguém que você ama morre, uma lembrança viva dessa pessoa permanece em sua memória. Finalmente, quando todos que o conheciam e amavam morrerem, essas lembranças também se perderão. Um número muito pequeno de pessoas será lembrado, depois disso, por meio de recordações visuais e escritas, mas no fim até elas serão esquecidas.

A perspectiva budista do que acontece é sutil. Em vez de falar de reencarnação, que é a idéia de que há uma alma consciente que vive depois da morte e nasce novamente em outro corpo, várias vezes pela eternidade, os budistas falam de "renascimento". Supõe-se que, como veremos no capítulo 8, não há um "eu" essencial, não há nada que viva em outras formas. Assim, renascer é como as ondulações sobre a água, ou como a luz da vela substituída por outra vela antes que ela se apague. Há um movimento aparente mas na verdade nada se passa.

Este conceito é estranho para as pessoas com formação judeu-cristã, já que ele sugere a existência de uma série não física de acontecimentos que ocorrem depois da morte e que continuam em outras vidas terrestres. No budismo acredita-se que apenas uma pessoa muito especial que tenha alcançado um estado de purificação da mente pode realmente entender com propriedade a idéia de renascimento e apreendê-la. Eu não sou uma dessas pessoas. Para mim, o único indício que tenho de que isso pode ser verdadeiro é a minha concepção de que todas as coisas são no fim das contas interligadas e que nada, uma pessoa, uma rocha ou as ondulações sobre um campo de trigo, pode realmente ser visto como essencialmente separados de todas as outras coisas.

Se todas as coisas que existem estão em um *continuum*, do mesmo modo como as cores do espectro são um *continuum* (isto é, não há um ponto específico em que o vermelho se torna laranja e o azul se torna índigo, etc.), então alguém pode dizer que há linhas de causa e efeito que podem ser traçadas de um lugar ou coisa (como um ser humano) até um outro lugar ou coisa no espaço e no tempo.

Este livro não tenta transformar ninguém em uma daquelas pessoas especiais de que o budismo fala. Ele trata simplesmente da iluminação como *satori*, o vislumbre ocasional que temos da realidade sem qualquer filtro. Para vivenciar o *satori*, não é necessário saber todas as respostas, ou perder-se em especulações metafísicas sem fim. É preciso apenas prestar atenção no "agora".

Possam todos os seres ser felizes.

7 Respire, caminhe, durma, trabalhe e divirta-se

O que quer que você esteja fazendo, você já está iluminado, em certo sentido. Não há um "outro" estado misterioso por alcançar – ele é o aqui e o agora, em mim e em você. Tudo o que você tem a fazer é percebê-lo. Esse estado é a existência em si.

Você tem de parar de se ocupar com coisas triviais para perceber a existência como ela é. O silêncio é importante. Muito silêncio, muita simples observação do que está acontecendo é a maneira de você perceber sua existência. Em um primeiro momento isso é difícil. Muitos de nós estamos habituados à atividade física ou mental incessante, e a nós pode parecer que interrompê-la é sinal de indolência. De fato isso pode ser verdade, se você estiver apático ou por estar de ressaca ou por ter comido em excesso, então você não está em um bom estado mental para notar sua existência. Você pode de qualquer forma percebê-la, mas para iniciantes essa é uma maneira errada de se começar. O ponto certo para começar é quando você está com toda a energia e a atenção que normalmente o fazem agir.

A meditação não pode ser aprendida num livro, mas sim com alguém que tenha experiência, a menos que você seja uma daquelas pessoas extremamente raras em que a meditação surge com espontaneidade de forma já desenvolvida. Nos livros a pessoa pode apenas ler sobre meditação, o que não é a mesma coisa que fazê-la. É mais ou menos como ler um livro que ensina a andar de bicicleta – você pode ter a idéia geral, mas ele não dará a você a destreza não-verbal necessária para se equilibrar quando você sobe numa bicicleta pela primeira vez. O único modo de aprender a andar de bicicleta é na prática; o único modo de aprender a nadar é na prática; o único modo de aprender a tocar um instrumento musical é na prática e o único modo de aprender a meditar é na prática.

Fig. 7.1.

Então a meditação é o mesmo que perceber sua existência? Sim e não. Como foi discutido no capítulo anterior, às vezes todos percebemos nossa própria existência sem a prática formal da meditação, e, de fato, sem necessariamente ter ouvido nada sobre meditação. A meditação pode ser pensada como um exercício especial para ajudá-lo a perceber melhor sua própria existência – então, ela não é a mesma coisa que realmente perceber sua própria existência, do mesmo modo que pular corda não é a mesma coisa que lutar boxe, ainda que os boxeadores pulem corda para aperfeiçoar sua luta.

Enfatizo esse ponto no intuito de deixar claro que o importante é compreender a existência – existência no instante presente –, e não praticar meditação. Muitos se ocupam da "existência no agora" somente enquanto estão meditando, e ignoram "a existência no agora" pelo resto do dia.

Muitas das pessoas que estão lendo este livro encontrarão algum tipo de prática de meditação. Ela existe em todas as religiões, e é encorajada de maneira rudimentar em tudo – desde nas aulas noturnas da yoga até nas aulas de artes marciais. Há um componente físico na meditação, já que temos corpo. De costume, a ênfase é dada na própria postura e treinamento do corpo para que fique relaxado – daí sua associação com as atividades físicas. Lamentavelmente, a meditação é às vezes tão facilitada, para se tornar mais agradável aos estudantes, que acaba perdendo suas características. Por exemplo, há alguns professores da Hatha-yoga que transformam suas aulas em um tipo de canção monótona, e as pessoas acabam pensando que a meditação é uma prática em que se faz de conta que se está feliz.

Você deve escolher a pessoa que irá ensiná-lo a meditar – há sinais inconfundíveis em um praticante que, apenas com um pouco de experiência, você será sempre capaz de identificar. Um teste simples é perguntar a si próprio como se sente com relação à pessoa – ela é honesta, realista, tem a mente aberta, ou você tem a sensação de que ela finge ser algo que não é?

Evite a credulidade

A prática da meditação pode conduzir a todo tipo de estados de espírito, mas nenhum deles é o motivo por que se pratica. Por exemplo, muitas pessoas acham que com a meditação podem ter visões ou se tornar pessoas felizes. Isso pode acontecer, mas não é essa a finalidade da meditação. A finalidade da meditação é ver as coisas como elas realmente são, observando atentamente tudo o que existe dentro e fora de você. Nenhum estado particular é considerado mais ou menos desejável, embora alguns possam ser mais úteis do que outros.

Voltaremos a esse ponto mais adiante. Primeiro, vamos examinar um fenômeno que proporcionou má reputação a algumas organizações que ensinam meditação. É o fenômeno de contentamento externo. Quando as pessoas começam a meditar e compreender a si mesmas, elas às vezes sentem-se cheias de felicidade, um pouco como se estivessem embriagadas ou altas. Sabe-se que pessoas inescrupulosas exploram isso, entretanto, se você for sincero, jamais será seriamente prejudicado – seus instintos o protegerão. Não há nada de errado em se sentir tolo e feliz de vez em quando, mas se você ficar viciado nisso e tentar centrar toda a sua vida em torno disso, cessará de atuar efetivamente no mundo – em outras palavras, você estará trocando uma perspectiva parcial da realidade por outra.

Pessoas contentes são extremamente crédulas. Eis aqui uma história que ilustra o problema. Não muito tempo atrás, o Dalai Lama viajou à Austrália e visitou várias comunidades budistas. Em um lugar onde passou a noite, ele deixou uma maçã comida pela metade em seu quarto. Depois que partiu, as pessoas da comunidade ficaram boquiabertas ao perceber que a polpa da maçã não tinha ficado escura como ela freqüentemente fica depois do contato com o ar, mas permanecera clara.

Houve uma grande agitação por isso e uma sensação geral de que algum tipo de milagre tinha ocorrido. As pessoas pensaram que o Dalai Lama era tão santo que a maçã que ele mordera tinha de algum modo desafiado as leis da natureza, então elas a guardaram reverentemente para mostrar a todos que fossem à comunidade. Alguns dias depois, um budista amigo meu, que é também um fotógrafo profissional, visitou essa comunidade, e lhe mostraram orgulhosamente a maçã. Ele percebeu de imediato que a maçã tinha sido irradiada, uma técnica usada na indústria alimentícia para estender o período de conservação do alimento – meu amigo quase sempre usa frutas irradiadas quando fotografa, porque elas resistem mais sob as luzes quentes do estúdio.

Alimento irradiado tem um gosto diferente. Evidentemente o Dalai Lama tinha mordido a maçã, não gostou muito e deixou-a. Nenhum milagre tinha ocorrido, nada de sobrenatural – tudo o que aconteceu foi que alguém chegou a uma conclusão errada. Nós todos chegamos, às vezes, a conclusões erradas, mas quando você está feliz o tempo todo, você não usa o seu discernimento.

Diligência

Os budistas entendem diligência como atenção, mas ela tem muitos outros nomes. Você pode achar que ela é prestar atenção, ou "estar vigilante", ou "estar alerta". O princípio é muito simples. Você apenas tenta prestar atenção firmemente em tudo o que está fazendo no momento.

Suponha que você esteja lavando pratos. Em vez de pensar sobre alguma outra coisa, conversar, ouvir rádio ou inquietar-se, concentre toda a atenção sobre o ato de lavar os pratos. Olhe para eles, sinta-os, assista ao que ocorre com eles e ouça os sons que eles fazem. Esteja atento aos processos que estão ocorrendo dentro de você enquanto lava os pratos.

Por vezes, as pessoas afirmam que sempre prestam atenção em tudo o que fazem, não compreendendo que há momentos em que isso não ocorre. Alguém que se especializa em um ofício ou em uma profissão desenvolve um poderoso poder de concentração, mas que geralmente está limitado a uma faixa restrita de atividades. O que se propõe aqui é que você permaneça atento a todo momento. Sem se conduzir do modo como podemos nos conduzir ao ler corretamente documentos legais ou um artigo científico difícil.

Eu digo "fique atento" porque há um sentido em que isso é o nosso estado natural, apesar de nossas forças mentais serem normalmente dispersadas. Para mim, de qualquer maneira, a atenção é como se dirigir para casa. Quanto mais você prestar atenção no que está fazendo, mais você descobre. Você necessita de "espaço" para fazer isso – um tipo de calma, um relaxamento da mente. Se você ocupar sua mente com muitas coisas, ficará disperso e incapaz de ver com clareza. Por esta razão é uma boa idéia reduzir a quantidade de distrações desnecessárias na vida diária. Por exemplo, muitas pessoas escutam rádio enquanto estão trabalhando ou então passam as noites vendo televisão. Fazer isso pode lhe dar a ilusão de relaxamento, ou pode confortá-lo quando você está sozinho, mas dispersa a mente. O palavreado incessante dos locutores realmente reduz seu poder de concentração, se você os ouvir muito. A televisão tem um poder ainda maior sobre nós. Ela lança constantes sugestões sobre como é a realidade e como devemos ser. Isso gera conflitos dentro de nós. Se você acha que estou mentindo, observe como as crianças pequenas são afetadas pelo que vêem na televisão. As crianças absorvem coisas e reproduzem-nas rapidamente – você pode observá-las com freqüência fazendo e dizendo coisas que viram recentemente na televisão.

Quando ficamos mais velhos, aprendemos a filtrar as sugestões obviamente falsas da televisão. Se vemos comerciais dizendo-nos para comprar um carro, ou que uma certa marca de aspirador de pó mudará a nossa vida, normalmente temos uma visão cética em relação a eles, mas você pode observar com freqüência que as crianças realmente acreditam no que estão vendo, pelo menos por um tempo.

Só porque aprendemos a não acreditar em tudo o que vemos e ouvimos na mídia, não significa que ela não nos afete. O essencial fica de algum modo criando distorções sutis de nosso senso de realidade. Se você alguma vez já viajou a um país pobre e permaneceu ali por um longo tempo, talvez tenha presenciado a intensidade desse bombardeio de informações, meias verdades e mentiras ao voltar para casa. É muito mais fácil para os que vivem em circunstâncias simples, muito distantes do mundo moderno, prestar atenção no "instante presente", porque eles têm menos distrações.

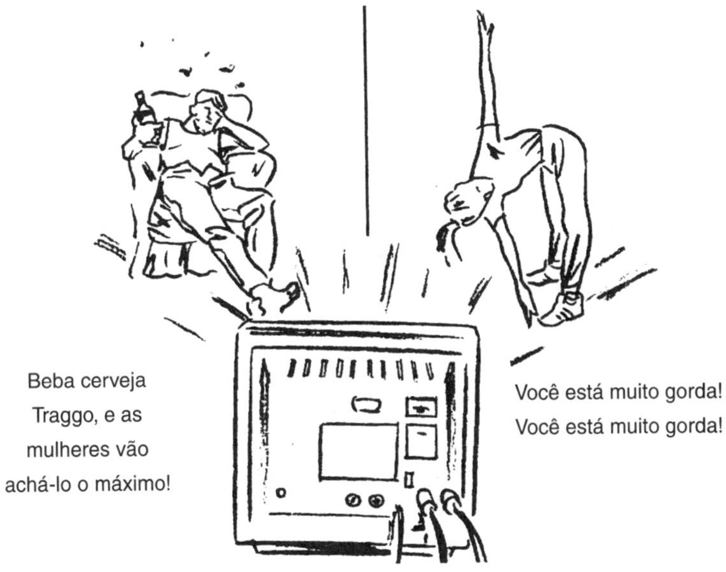

Fig. 7.2. O bombardeio diário!

Quando eu era jovem, morei alguns anos em uma comunidade da Nova Era. Um oficial indiano reformado, major Ramchandra, ficou algum tempo lá. "Ramji", como o chamávamos, era um homem idoso, encantador, miúdo, enérgico, sempre sorrindo e que possuía um olhar feliz. Ele estava escrevendo um livro sobre as semelhanças entre *Bhagavadgita*, um livro sagrado da Índia, e os Evangelhos. Ele passava muitos dias em seu pequeno quarto, sentado de pernas cruzadas sobre o chão, escrevendo o livro. De vez em quando, eu o visitava. Se ele tinha alguma coisa realmente importante para dizer, escrevia em um pedaço de papel e me dava para que eu lesse. Uma vez, ele me deu um bilhete em que estava escrito: "Não haverá bomba atômica", querendo dizer com isso que não haveria guerra nuclear. Era uma época em que muitas pessoas, até mesmo eu, tinham receio de que o mundo estivesse à beira da destruição.

Ramji era muito intuitivo. Uma vez estávamos caminhando pela rua e encontramos um jovem amigo meu que levava uma revista dobrada debaixo do braço.

"O que é que você está lendo?", perguntou Ramji pegando e abrindo a revista. Era uma revista pornográfica, explícita. Sorrindo, Ramji devolveu-a. Meu amigo e eu ficamos constrangidos, mas Ramji não. Isso não o incomodou, nem um pouco.

Assim é uma pessoa iluminada – feliz, muito atenta e indiferente às normas sociais. Elas prestam atenção no que estão fazendo o tempo todo, livres dos conflitos internos que atingem muitos de nós, e têm uma imensa aptidão para o trabalho benéfico.

Sexo

Os seres humanos parecem compelidos a revelar um ao outro como se comportam sexualmente. Em todo lugar podem-se ouvir opiniões sobre o que constitui a má conduta sexual, se a masturbação é certa ou errada, se a homossexualidade é "natural" ou não, e assim por diante. No mundo ocidental, supostamente nos livramos da opressão sexual do passado e nos consideramos muito tolerantes, permitindo uma grande liberdade sexual. Porém isso não parece ter reduzido a ânsia que as pessoas têm de contar aos outros sobre sua vida sexual.

Na tradição da iluminação, não estamos interessados em contar a outras pessoas sobre nossa vida sexual, nem preocupados em dizer que esse ou aquele comportamento sexual é "certo" ou "errado". Como dedicados investigadores da realidade, nós observamos o surgimento e o desaparecimento de desejos sexuais dentro de nós mesmos sem necessariamente influir sobre eles.

Há um ramo da yoga chamado “tantra”, e dentro do tantra há uma tradição, quase secreta, da yoga do sexo. Nem todos a conhecem, e é raro encontrar alguém iniciado nela. Nessa disciplina, e trata-se realmente de uma disciplina, os atos sexuais são investigados ao extremo, tanto no que se refere a seus efeitos internos – o que está acontecendo dentro de você – quanto no que se refere aos efeitos externos – o que está acontecendo no mundo físico. Em mãos erradas, isso pode se tornar um pretexto para sensações baratas, mas para as pessoas certas essa yoga é uma arte verdadeiramente profunda.

A relação de amor sexual desinteressada pode ser sublime, uma reflexão sobre o mundo do incessante aparecimento e desaparecimento das coisas criadas. Simbolicamente, ela é o “casamento químico” dos alquimistas, o shiva/shakti dos yogues, o yab-yum dos tibetanos. A relação sexual é uma das poucas coisas que permitem

Fig. 7.3. União cósmica.

as pessoas tornar-se completamente unidas a outra pessoa. Para alguns místicos, o universo como um todo é um ato sexual cósmico gigante. Para alguns isso pode parecer vulgar; mas não é – é profundo e belo.

Pessoalmente, acredito que as pessoas se preocupam muito com sexo. Todos praticamos celibato, embora a contragosto, por longos períodos na vida. Isso pode nos deixar entusiasmados quando temos a oportunidade de fazer sexo, e, como todas as coisas fortes, pode ser perigoso. Podemos ficar escravizados pelos desejos psicossexuais, atormentando-nos com a angústia de perder alguém, de não possuir esse alguém ou de ser traído por ele. Todos esses problemas estão relacionados ao egoísmo, ou ao apego, como é chamado pela tradição dos iluminados.

Apegar-se não quer dizer apenas apegar-se a uma pessoa. Se há alguma coisa sem a qual você não pode viver e que você espera que nunca acabe, tal como boa sorte, atração ou independência, você está se apegando a ela. Ainda que você viva feliz com um companheiro por décadas, um de vocês morrerá primeiro, e a felicidade terá fim. Se vocês morrerem juntos, tudo terá terminado. Essa é a natureza das coisas – elas têm começo, meio e fim.

O importante sobre o sexo é deixar que ele seja desinteressado. Orientações sexuais diferentes não são importantes, em minha opinião. É o amor, e não quem você está amando, que importa. As pessoas podem ser muito cruéis em relação a isso, tentando negar a oportunidade para a relação sexual com pessoas de que não gostam por uma razão ou outra. Pense um pouco nas pessoas desfavorecidas física ou mentalmente, que têm muita dificuldade para conseguir o que outras pessoas consideram como um direito.

Negro ou branco, homossexual ou heterossexual, desfavorecido ou não, alguma forma de atividade sexual com outra pessoa é a primeira e mais direta oportunidade que temos de vivenciar uma união com aquilo que está do lado de fora de nosso pequeno eu. Como isso pode ser errado?

Preste atenção!

Todas as atividades podem ser meditação – prestar atenção total no que está acontecendo é tudo o que deve ser feito. Quando você urinar, preste atenção. Quando defecar, preste atenção. Quando passar algum tempo com outras pessoas, preste atenção. Quando estiver sozinho, preste atenção.

Quanto mais você prestar atenção, mais você descobrirá sobre si mesmo. Um processo de mudança pode ocorrer espontaneamente, apenas porque você percebe que come muito chocolate ou faz muitos telefonemas sem razão. Por meio da atenção você pode começar a abandonar hábitos desnecessários sem um esforço muito grande – quando você percebe o quanto uma coisa é tola, e está quieto, é fácil simplesmente decidir não fazer isso, nesse momento.

Os "hábitos desnecessários" são aquela nossa tendência de criar aborrecimentos e danos para nós mesmos. Eu tenho centenas deles – talvez você também. Atormentarmo-nos acerca do quanto somos maus e indisciplinados não nos ajudará a abandonar esses hábitos. Fingir que eles não são desnecessários não nos ajudará a abandoná-los. Ser covarde e dizer "Oh, eu sou tão fraco, e a vida tão dura, e não posso mudar nada disso" não ajuda a abandonar esses hábitos. Seja bom consigo mesmo – dê a si mesmo a chance de se ver em toda a sua glória tanto quanto de ver suas tendências "negativas".

Praticar sua atenção ajudará, mas às vezes é útil pensar sobre os efeitos verdadeiros de diferentes tipos de ação. Por exemplo, todos sabemos como nos sentiremos no dia seguinte se tomarmos muita bebida alcoólica. Se você tem o hábito de beber muito, deve conter essa prática de alguma maneira. Assim, a despeito de minha aversão pessoal a dizer aos outros como devem se conduzir, aqui está um pequeno excerto do *Sigalaka Sutta*, uma escritura budista na qual o Buda dá conselhos aos "chefes de família" (pessoas leigas que vivem uma vida comum) sobre como eles devem se comportar. Apesar da distância no tempo e das singularidades devido a uma diferença de cultura, essa escritura parece incrivelmente recente.

7 E quais são as seis maneiras de desperdiçar os bens? O vício em bebida forte e em drogas que levam à indolência é uma maneira de desperdiçar a riqueza, freqüentar as ruas em momentos impróprios é outra maneira, visitar feiras é outra, ser viciado em jogatina é outra, andar em más companhias, outra, a preguiça habitual, outra.

8 Há seis riscos relacionados à bebida forte e às drogas que levam à indolência: o desperdício de dinheiro, o aumento da violência, a suscetibilidade para as doenças, a perda do bom nome, a exposição indecente de uma pessoa e a debilidade do intelecto.

9 Há seis riscos relacionados a freqüentar as ruas em momentos impróprios: um deles é ficar indefeso e sem proteção, bem como sua esposa e filhos e sua propriedade; a pessoa passa a ser suspeita de crimes, e boatos são espalhados sobre aquele que freqüenta as ruas em momentos impróprios; além disso, se encontra todo tipo de aborrecimentos.

10 Há seis riscos relacionados a freqüentar feiras: alguém está sempre pensando: Onde há dança? Onde há canto? Onde estão tocando música? Onde estão recitando poesia? Onde estão batendo palmas? Onde há tambores?

11 Há seis riscos relacionados à jogatina: o ganhador faz inimigos, o perdedor lamenta sua perda, alguém desperdiça sua própria fortuna, sua palavra é desacreditada nas reuniões, a pessoa é desprezada pelos amigos e companheiros, e o jogador não está em condições de se casar, pois não tem recursos para manter uma esposa.

12 Há seis riscos relacionados a andar em más companhias: algum amigo de suas companhias pode ser um jogador, um glutão, ou um beberrão, um trapaceiro, um malandro, um briguento.

13 Há seis riscos unidos à preguiça: pensando "Está muito frio", a pessoa não trabalha; pensando "Está muito quente", a pessoa não trabalha; pensando "É muito cedo", a pessoa não trabalha; pensando "É muito tarde", a pessoa não trabalha; pensando "Estou com muita fome", a pessoa não trabalha; pensando: "Estou muito satisfeita", a pessoa não trabalha...

Thus Have I Heard, The Long Discourses of the Buddha [Assim Eu Ouvi, os Grandes Discursos do Buda], traduzido para o inglês por Maurice Walshe, Wisdom Publications, 1987.

8 O pequeno e o grande eu

"Aham Brahmasmi"
(Eu sou Brahma, uma afirmação da yoga)

Se você alguma vez deparou com algum tipo de mística oriental, já ouviu falar em "ego", "self" e "alma", se eles existem ou são meras ilusões, como se relacionam com a realidade fundamental, se o sentido do "Eu" é verdadeiramente o "Eu" fundamental e assim por diante. É difícil entender, e o que torna essa discussão ainda mais difícil é que em alguns idiomas orientais há termos precisos usados na discussão de questões existenciais, mas em inglês, como em outras línguas européias, não há termos precisos equivalentes – exceto talvez o alemão, que se presta bem para o pensamento filosófico.

Assim, quando você ouve alguém falar sobre "ego" nesse contexto, não sabe se eles estão pensando em "atma", "jiva", ou uma das numerosas palavras com significados específicos que não têm correspondente em inglês. Esse é realmente um problema no budismo, como também no hinduísmo e na tradição anárquica da iluminação. Isso é um problema em outros sistemas de crença e filosofias; para ser capaz de interpretar precisamente, um filósofo moderno do Ocidente deve saber alemão e um cristão deve conhecer o hebraico e o grego clássico. Aliás, os judeus sabem que os cristãos perdem uma enorme quantidade de significados no Velho Testamento porque ele é cheio de humor – tudo perdido na tradução.

Esse problema da língua não é mera digressão. Sabemos que textos filosóficos e religiosos do mundo antigo eram preservados em língua morta. Quanto mais voltamos no tempo, menos sabemos, mas tomemos como exemplo os hititas, um povo antigo que viveu na Ásia Menor e que ficou conhecido apenas por referências sobre eles na Bíblia (e, mais tarde, pelos relatos egípcios antigos), até que expedições arqueológicas no final do século XIX e começo do século XX descobrissem suas cidades e uma grande quantidade de blocos de argila com inscrições em numerosos idiomas.

As descobertas em Boghazkoy, atual Turquia, revelaram um arquivo datado de cerca de 1200 a.C. em um terreno que então tinha sido ocupado por cerca de quatrocentos anos. O arquivo continha no mínimo sete idiomas:

- Acadiano, naquela época a língua da diplomacia em todo o Oriente Médio. É um membro da família das línguas afro-asiáticas que incluem árabe moderno, hebraico, o antigo egípcio e o berbere.
- Hitita cuneiforme ("cuneiforme" se refere aos escritos "em forma de cunha" sobre os blocos, termo usado para distinguir esse tipo de hitita de outro tipo chamado "hitita hieroglífico"). Hitita é um membro da família indo-européia (ou indo-hitita) de idiomas, que inclui o inglês, o sânscrito, o iraniano e as línguas românicas.
- Sumério, uma língua morta que era usada em escritos religiosos e eruditos. Ele não é relacionado a nenhuma outra língua conhecida.
- Huriano, outra língua "isolada", não relacionada a nenhuma outra.
- Luvita, uma língua relacionada ao hitita e ancestral do lício, ambas mortas.
- Palaico, uma língua relacionada ao hitita.
- Ático, uma língua não indo-européia de que se sabe muito pouco.

Assim, em 1200 a.C., as pessoas que viviam na região hoje conhecida como Turquia, estavam em um mundo onde havia línguas vivas, línguas mortas e línguas nascentes. O mesmo se pode dizer dos nossos dias.

O que os sábios escreveram no passado em uma língua pode não fazer muito sentido para nós, que falamos outra língua e pensamos de outro modo; então sua sabedoria se perdeu.

Pode ter certeza disso. A língua governa nosso pensamento, não há outro jeito. Pode-se até dizer que a língua é pensamento, porque ela proporciona os blocos com que criamos nossos pensamentos e idéias – em algum sentido criamos nosso eu, nossa personalidade, por meio da língua.

Se você fala alguma outra língua além de sua língua materna, deve ter percebido como você muda mentalmente quando fala em outro idioma. É mais fácil ser mais artístico, ou mais engenhoso, ou mais consistente dependendo da língua que você está falando.

Assim, quando tentamos nos entender e encontrar dentro de nós nossa "personalidade", nosso "eu", ou nosso "ego", devemos reconhecer que sem a língua não poderíamos formular as questões. E sem a língua não poderíamos obter as respostas.

Quando temos a tradição como orientação, encontramos barreiras por causa da língua. Por exemplo, sem conhecer nem um pouco de sânscrito, você pode ver que:

Nantah-prajnyam, na bahis prajnyam, na prajnyana-ghanam, na prajnyam, naaprajnyam.

soa melhor quando lido em voz alta, e tem um efeito maior sobre o psiquismo, que sua tradução:

Nenhuma sabedoria externa, nenhuma sabedoria interna, nenhum conhecimento em si, nem ignorância.

Essas linhas do *Mandukya Upanishad* expressam perfeitamente o estado de iluminação em sua língua de origem, mas a tradução deixa a desejar.

Nem todos podemos ser eruditos que passam a vida aprendendo outros idiomas. Se fôssemos, a civilização pararia e não teríamos nada para comer. Em certo sentido, é para isso que servem as escrituras "sagradas" – sintetizar a sabedoria de forma que todos possam ter acesso a ela. Nesse caso, depois de séculos, a língua torna-se "morta", e apenas os eruditos podem lê-la, então a escritura não cumpre mais a função desejada.

Eu acredito que o problema da efemeridade das línguas seja o fator mais importante na deficiência de entendimento do que nós somos.

Este capítulo foi intitulado "O pequeno e o grande eu". Eu inventei um uso especial para essas palavras muito comuns porque eu

Fig. 8.1. A realidade não pode ser descrita completamente. Ela é muito grande.

não conheço palavras de domínio geral que expressem o que quero dizer. Por "pequeno eu" refiro-me a tudo o que está dentro de uma pessoa que é temporário, sujeito a nascimento, decadência e morte; e por "grande eu" refiro-me ao que não tem começo, meio nem fim.

Mas o que não tem começo, meio nem fim? Nada. Como pode o "eu" ser nada? Isso não pode ser explicado adequadamente por meio de palavras. Não pode ser segmentado, pesado e medido. Não é aniquilação, então alguém pode dizer que o "eu" não é "nada" e não é uma "coisa", mas algo entre os dois. Você vê como é difícil usar a linguagem para expressar isso?

Não se desespere tentando entender; é a Existência, o Agora; todos podem vivenciá-lo, e todos o vivenciam vez ou outra. O "grande eu" é a iluminação. O "pequeno eu" é ser uma pessoa. Como pessoas, somos tanto "o grande" quanto "o pequeno eu".

Relaxe. Respire. Esteja aqui e agora.

É natural e compreensível que os ocidentais parem neste ponto e digam que isso tudo é loucura, um misticismo oriental que não quer dizer nada. Nossas línguas e culturas, embora antigamente tivessem mais proximidade com a Índia, seguiram caminhos diferentes. Nós vivemos hoje em um mundo construído sobre as realizações da racionalidade e da ciência. Racionalidade e ciência se tornaram inimigas do nosso passado, que era, bem, vamos dizer, "pré-científico".

Nós nos separamos da sabedoria de nossos antepassados pré-científicos (e de nossa "ascendência materna"). Os povos europeus da Idade Média falavam sobre Deus, e todos os assuntos existenciais eram formulados em termos de Deus. Se você não suporta a palavra "Deus", então terá dificuldades para se identificar com o pensamento de nossos antepassados.

Você pode pensar que toda especulação sobre o "eu" e o "self" pertence apenas às culturas orientais. Mas, se você puder aceitar por um momento – como uma hipótese – a idéia de que o "Deus" de nossa própria cultura pré-científica é uma palavra que se aproxima do *nirvana* do budismo e do *Aham Sakshini* ("eu sou a evidência eterna") da Índia antiga – aqui estamos entrando em águas teológicas turvas – você poderá ver que a história do Ocidente é cheia de pessoas que vivenciaram, ou reivindicaram a experiência, de um estado conhecido como a "iluminação" do Oriente.

Por exemplo, havia um movimento herético durante a Idade Média conhecido como Irmãos do Espírito Livre:

> *A estrutura metafísica foi proporcionada pelo neoplatonismo, mas todos os esforços que foram feitos, do pseudo-Dioniso e Erígena em diante, para adaptar o neoplatonismo à crença cristã não foram levados em conta. O panteísmo de Plotino, longe de ser relevado, foi enfatizado. Os Irmãos do Espírito Livre não hesitaram em dizer: "Deus está em tudo o que é", "Deus está em toda pedra e em cada membro do corpo humano tão seguramente como no pão da Eucaristia", "Toda coisa criada é divina". Ao mesmo tempo, eles assumiram a interpretação de Plotino desse panteísmo. Era a essência eterna das coisas, não sua existência no tempo, que era verdadeiramente Deus; tudo quanto tinha uma existência separada e transitória tinha emanado de Deus, mas não era mais Deus. Por outro lado, tudo o que existia era atraído por sua origem divina e se esforçava por encontrar seu caminho de volta àquela origem; e no fim dos tempos todas as coisas, de fato, seriam reabsorvidas em Deus. Nenhuma emanação restaria, nada existiria em separado, não haveria nada capaz de conhecer, desejar, agir. Apenas restaria a essência única, imutável, inativa; uma "bem-aventurança" de todas as coisas. Mesmo as Pessoas da Trindade, insistiam os Irmãos do Espírito Livre, imergiriam naquele um indiferenciado. No fim dos tempos, Deus seria realmente Tudo.*
>
> *Até agora a reabsorção era o destino da alma humana tão logo o corpo estivesse morto. Após a morte do corpo a alma desapareceria em sua origem divina como uma gota d'água que tivesse sido tirada de um vaso e então caísse de volta novamente nele, ou como uma gota de vinho no mar. Essa doutrina assegurava, claro, uma promessa de salvação universal, embora impessoal; e o mais consistente dos Irmãos do Espírito Livre, de fato, sustentou que o céu e o inferno eram meros estados da alma neste mundo e que não havia castigo ou recompensa após a morte...*

...Plotino dizia que os seres humanos poderiam vivenciar em parte essa reabsorção antes mesmo da morte do corpo. Era possível para a alma escapar do corpo. Era possível para a alma escapar de seu vínculo sensual e de sua consciência de si para penetrar por um momento, imóvel e sem consciência, no Um. Esse foi o aspecto do neoplatonismo que atraiu os Irmãos do Espírito Livre.

The Pursuit of the Millennium [A Busca do Milênio],
Norman Cohn, Pimlico, 1993

Estados de absorção

Com freqüência, a atenção das pessoas muda de repente de um objeto para outro, mas é possível através da prática treinar a concentração da mente. Não há nada de estranho ou sobrenatural nisso – é simplesmente um fato, uma observação de como a mente trabalha.

Não há uma diferença essencial entre mentes concentradas em tocar piano, em construir uma parede ou em praticar uma cirurgia e mentes concentradas na contemplação ou na meditação. A coisa ou atividade que está sob atenção é diferente, mas as mentes estão em um estado similar, de reciprocidade, ou seja, elas estão absorvidas, relaxadas e focadas.

A grande descoberta do Oriente, também conhecida no Ocidente mas em geral esquecida, é que a mente concentrada pode ficar cada vez mais concentrada e que, dependendo do método utilizado e do objeto de concentração, as habilidades mentais parecem não estar sob o controle consciente.

Se você ainda não tentou se concentrar dessa forma, então não será capaz de entender o que eu disse, mas muitos leitores já têm experiência suficiente para saber o que isso significa. Na Índia, ouvem-se muitas conversas sobre os vários tipos de *samadhi* ou estados de graça. Depois que você ganha certa experiência em se concentrar, é possível entrar em estados cada vez mais profundos de concentração, nos quais o corpo está relaxado e você não tem consciência da exterioridade – você fica totalmente absorvido pelo objeto da sua contemplação.

Muitas pesquisas científicas interessantes têm sido feitas sobre esses raros estados mentais, usando yogues e faquires como objetos de investigação. Alguns são capazes de demonstrar habilidade para o controle consciente das ondas cerebrais, ou para reduzir muito os batimentos cardíacos, e isso pode ser medido usando instrumentos convencionais.

Do ponto de vista do yogue, o objetivo do exercício não é simplesmente ser capaz de reduzir seu próprio batimento cardíaco ou demonstrar alguma outra habilidade insignificante. Para o yogue, é sua própria experiência que importa. Nesses estados profundos de absorção as pessoas relatam uma variedade de estados de *samadhi*.

Antes que o Buda conquistasse sua morada sob a árvore *bodhi*, ele estudou por anos com vários mestres diferentes. Entre outras coisas, ele aprendeu a entrar, dizia ele, em todos os estados possíveis de absorção. Nenhum deles foi satisfatório para ele porque não lhe oferecia a resposta final à questão "Quem sou eu?"

Algumas pessoas encontram a resposta para essa questão com mais facilidade ao entrar nos estados de *samadhi*, que podem tornar-se viciantes. Você pode ficar tão apegado ao estado de *samadhi*, tão dependente dele como outras pessoas ficam dependentes de dinheiro, de amores ou de qualquer objeto do desejo mundano. Se você se apegou ao *samadhi* dessa forma, a tradição da iluminação recomenda abandonar a prática.

Eis aqui uma história que ilustra o problema.

Um asceta viveu isolado em uma montanha por muitos anos praticando concentração até que finalmente entrou nos mais profundos estados de absorção. Um dia ele desceu a montanha, indo à cidade. Na praça do mercado, ele se sentiu incomodado com o grande movimento. Alguém pisou em seu pé e a dor deixou-o nervoso. Toda a sua felicidade anterior e sua disciplina mental não tinham acabado com sua afeição pelas "coisas" nem o haviam deixado completamente livre da malevolência. Havia ainda um "pequeno eu" dentro dele que experimentava aversão e apego.

Na tradição da iluminação, budista ou não, os estados de absorção não são vistos como respostas definitivas para todas as coisas, mas como uma mera etapa do caminho. São coisas sutis, por isso é importante que você tenha um mestre que possa lhe dar orientação pessoal.

Eis aqui um excerto de um discurso proferido por Acchaan Dhammadaru, um monge thai, que descreve como alguém pode de forma enganosa pensar que está vivenciando o vazio fundamental. O excerto usa palavras em inglês de modo incomum, por causa da dificuldade de traduzir a terminologia budista, ilustrando o problema da língua discutido antes:

> *Às vezes, quando a meditação e a concentração são fortes, e o meditador distancia-se dos quatro fundamentos da atenção, a mente se eleva e vivencia o vazio como se não houvesse individualidade, nem dentro nem fora. Quando isso acontece, a pessoa pode se sentir como se estivesse livre de quaisquer máculas. Mas o apego ainda está presente em estado latente nesse vazio. Sempre que isso ocorre, o praticante deve perceber que se desviou do verdadeiro caminho para o nirvana e que está a caminho da absorção. Deve-se notar que o vazio do nirvana é muito diferente da absorção. O vazio é resultado da meditação dirigida para o nirvana como um objetivo. Experimentar isso significa cultivar atenção contínua. Quando a consciência interior é encontrada, pode-se vê-la como um grupo ou aglomerado de muitas coisas. Quando a compreensão se desenvolve mais, a pessoa pode perceber mudança em cada momento do pensamento. Então, o sentido de solidez ou individualidade da pessoa é enfraquecido e o sentido de vazio da individualidade se estabelece. Isso destrói o mito da alma, e outras características da existência ficam igualmente claras. Quando as posturas são observadas constantemente com atenção, o corpo é visto como a base da dor. O mito da felicidade é destruído, e o verdadeiro sofrimento inerente ao corpo é vivenciado. A impermanência, vista como o nascer e o morrer da mente e do corpo de momento a momento, automaticamente rompe o mito da continuidade. O praticante pode observar as três caracterís-*

ticas de impermanência, sofrimento e não-individualidade em cada fenômeno por ele vivenciado.

Living Buddhist Masters [Mestres Budistas Vivos],
Jack Kornfield, Unity Press, 1977

Aqui está um breve guia com o significado especial de algumas das palavras do excerto acima:

- "Máculas" são o desejo, a aversão e a desilusão sobre a verdadeira natureza das coisas.
- "Impermanência" é a idéia de que algo que adquire existência deve um dia deixar de existir.
- "Sofrimento" significa a experiência insatisfatória de apego às coisas que um dia deixarão de existir.
- "Não-individualidade" quer dizer "grande eu". É a "coisa nenhuma" que não é "nada", que não pode ser descrita adequadamente em palavras mas pode apenas ser vivenciada.

A sabedoria insensata

Há uma tradição de um certo caminho, adequado apenas às pessoas incomuns, chamado "sabedoria insensata". Na sabedoria insensata, você se dedica a agir espontaneamente, aparentemente sem qualquer disciplina. Vendo o universo como uma rede de ilusões, o investigador procura especialmente alguma coisa perigosa ou hedionda como um caminho de desenvolvimento "não fixado". Como você pode supor, a sabedoria insensata é um caminho perigoso, principalmente se você não se lembrar de cultivar a compaixão e a benevolência.

Charles Manson, o conhecido líder da "Família Manson", cujos seguidores cometeram o assassinato de Sharon Tate na década de 60, parece ter descoberto e praticado certos aspectos da sabedoria insensata, mas falhou em não ter cultivado a benevolência.

Mais recentemente, Stephen Seagal, 43 anos, astro de vários filmes violentos, recebeu a designação de "terton" por Penor Rinpoche, dirigente supremo da Escola Nyingma de Budismo Tibetano. Um terton é alguém capaz de entender a origem dos ensinamentos do budismo tibetano. Segundo a tradição da sabedoria insensata, por mais que um terton possa parecer estar se comportando de maneira bizarra ou imoral, ele pode ser uma pessoa muito atenta e desenvolvida – talvez a reencarnação de um alto lama!

O grande eu está além das regras.

Possam todos os seres ser felizes.

9 A manutenção do bem-estar

Este capítulo dará a você algumas idéias sobre vários fatores que podem ajudá-lo a manter o bem-estar.

- *alimentação*
- *maneiras de ganhar a vida*
- *postura*

Alimentação

Muito se diz sobre alimentação nos dias de hoje, de modo que as pessoas estão mais confusas do que nunca sobre o que é uma "alimentação correta". Como em tudo o mais, o importante na sua alimentação é que ela seja balanceada e realista. Comida e bebida têm um efeito poderoso sobre o seu estado de espírito, bem como sobre sua saúde. Os hábitos alimentares que você adquire quando é jovem ficam na memória, e tendemos a associar diferentes alimentos e diferentes modos de alimentação com lembranças agradáveis ou desagradáveis. Eu sempre me sinto feliz quando estou na costa mediterrânea comendo alimentos frescos e saboreando uma taça de vinho, por exemplo – mas conheço pessoas que se sentem mal e até infelizes quando fazem isso.

A produção de alimento industrializado tem dado às pessoas muito mais escolha, tanto real como aparente, do que jamais se teve no passado, mas com isso vieram todos os tipos de problemas. Anorexia e bulimia são doenças modernas – assim como a obesidade. Quase todo mundo parece sofrer de maus hábitos alimentares de algum tipo.

Os místicos sempre se preocupam muito com sua alimentação, e muitos fixam dietas extremamente rígidas por longos períodos. Eles fazem isso para obter resultados específicos, não por causa da religião ou das crenças morais. Através da alimentação você pode aprender muito sobre quem você é.

Algumas pessoas acham que comer carne é errado, ou "pouco espiritual", enquanto outras são contra o álcool por motivos semelhantes, só que os budistas tibetanos comem carne por causa do clima rigoroso (quantas pessoas sabem que o Dalai Lama *não* é vegetariano?), e Jesus aparentemente bebia vinho, então por que se preocupar?

Exercício:

Escolha um horário de refeição regular para os próximos três meses – não importa para qual refeição – e pratique o seguinte exercício:

1. Quando você se sentar para comer, prepare-se para prestar atenção na maneira como você experimenta a comida.
2. Não leia ou fale. Nessa refeição você vai se concentrar somente na comida.
3. Observe suas sensações quando você se prepara para levar pela primeira vez a comida à boca – e veja como suas sensações mudam quando a comida toca a língua.
4. Mastigue muito devagar, e concentre-se, observando como a comida se transforma. "Sinta-a" descendo para o estômago.

5. Tente perceber a diferença em suas reações aos diferentes alimentos – se você prefere brócolis a batatas, por exemplo, tente realmente notar o que sente ao comê-los.
6. Se há uma comida de que você não gosta, preste atenção particular em suas reações ao comê-la.
7. Tente perceber como a comida literalmente "se torna" você durante o processo digestivo.

Essa é uma prática profunda. Quanto mais você a executar, mais aprenderá. A princípio será difícil praticar o exercício se você estiver comendo com outras pessoas que não sabem o que você está fazendo (geralmente é melhor não dizer nada a elas), ou então procure um lugar para sua refeição onde você não seja perturbado, ainda que seja uma refeição leve antes de dormir.

Maneiras de ganhar a vida

Algumas maneiras de ganhar a vida trazem muito mais danos do que benefícios; algumas são óbvias:

- as atividades que envolvem o uso de armas;
- o furto;
- o tráfico de drogas.

Aqui estão algumas atividades que são menos óbvias:

- forçar a venda de produtos de má qualidade para pessoas que não podem comprá-los;
- vender produtos e serviços que deixam as pessoas doentes;
- prometer às pessoas coisas que você sabe que nunca acontecerão;
- ludibriar os mais fracos.

Questões éticas desse tipo brotam em todas as formas de trabalho, mas deliberadamente o comportamento nocivo é institucionalizado em muitas organizações, incluindo as companhias, os cargos e os departamentos do governo. É difícil dizer "não" para um chefe quando seu emprego está por um fio, onde todo mundo faz a mesma coisa e há toda uma série de justificativas convincentes para fazer o que você sabe, secretamente, ser danoso para os outros.

Um exemplo radical dessa situação foi o nazismo alemão nos anos 30. Pessoas comuns achavam extremamente difícil não compactuar com o que estava acontecendo em todos os tipos de trabalho, ainda que não gostassem disso.

Se lhe pedem em seu trabalho que você faça algo que sabe ser prejudicial para outras pessoas e você não tem permissão para recusar, então talvez seja o momento de procurar outro emprego. Empregos que o fazem sentir-se mal consigo mesmo não valem a pena.

Postura

O modo de você se posicionar e caminhar proporciona ao olho treinado muita informação sobre sua personalidade. Qual é sua postura normal? Você costuma andar relaxado? Você projeta seus ombros para trás de modo tenso? Quando você se senta, fica com as costas retas?

A mente e o corpo estão intimamente relacionados. Nosso modo de pensar está refletido nas posturas habituais de nosso corpo. Por meio da mudança de nossa postura corporal, podemos de fato mudar nossa maneira de pensar. Isso realmente funciona!

Conforme a tradição, uma postura balanceada é aquela na qual suas costas estão verticalmente retas, ou, se você estiver deitado, suas costas estão horizontalmente retas e simétricas. Isso não quer dizer que você tenha de manter seu corpo de forma rígida no lugar certo. Sentar-se de maneira ereta e permanecer com o corpo reto pode parecer estranho a princípio, se você não estiver acostumado com isso, mas com o tempo isso se tornará a coisa mais natural do mundo.

Conclusão

Eu espero que este livro tenha lhe dado a compreensão do que é a tradição da iluminação. Ela pode ser resumida nestas três frases:

- Estar aqui e agora;
- Ter uma atitude amável com todos os seres;
- Deixar de se apegar às coisas.

Possam todos os seres ser felizes.

10 A vida do Buda

A história de Siddhartha Gautama, o histórico Buda, chegou a nós através de relatos escritos alguns séculos depois de sua morte, por volta de 483 a.C. Nós podemos estar tão certos de que ele realmente existiu como podemos estar seguros da existência de muitas outras pessoas, como Jesus Cristo ou Zoroastro, das quais nenhum relato contemporâneo sobreviveu. Como muitos outros fundadores de organizações religiosas, a vida do Buda é cercada de lendas, e nem sempre é fácil distinguir entre um verdadeiro relato dos acontecimentos e os posteriores exageros devotados ao Buda. Como acontece com todos os líderes, havia inevitavelmente uma dimensão política para o trabalho do Buda, e conforme aumentaram seus seguidores, ele evidentemente teve de tratar com autoridades mundanas e sistemas de crença hostis.

A proposta deste capítulo é simplesmente recontar a história básica da vida do Buda e colocá-la em seu contexto. Os iniciantes de filosofia oriental às vezes têm a impressão de que a vida do Buda e seus ensinamentos foram únicos, mas de fato seu modo de vida segue a tradição do homem santo indiano que era antigo já em seu tempo. Que ele tenha descoberto a "verdade última" da realidade, como talvez muitos outros não tenham descoberto, é o que cada um deve descobrir por si mesmo. Dizer que apenas um Buda reconhece outro Buda pode ser verdade, mas é um argumento circular. Nós que não somos budas estamos falando de um estado de existência que nós não podemos entender porque não o vivenciamos – como pode uma pessoa prática acreditar sem reservas nisso? A resposta tradicional é "nós" todos somos Budas, dentro de nós há uma "natureza de Buda" essencial, que podemos encontrar em nós mesmos, se desejarmos procurar por ela.

Infância e influências

Siddhartha Gautama era filho de um soberano do clã Gautama da tribo Sakya, no sul do Himalaia onde agora é o Nepal. Diz-se que ele foi criado em meio ao luxo, em um palácio cercado de esposas e concubinas, levando a vida com uma substancial renda advinda de despojos de guerra. Diz-se que seu pai, Suddhodana, procurou protegê-lo das tristezas do mundo, e evitou que ele fosse exposto ao sofrimento e ao contato religioso com o objetivo de educá-lo para sua posição de soberano.

Quando estava com cerca de 29 anos, Siddhartha encontrou um velho pela primeira vez em sua vida. Ele ficou chocado ao ver a decrepitude do homem. Logo depois ele viu uma pessoa doente e aprendeu sobre a natureza repugnante da doença, e não muito tempo depois ele viu um cadáver sendo velado. Esses acontecimentos, diz-se, chocaram Siddhartha e o fizeram se perguntar sobre o significado da vida e a razão de sua brevidade.

A procura pelo significado da vida

Por muitas centenas de anos os indianos acreditaram que algumas pessoas têm que deixar suas responsabilidades para se concentrar sobre sua vida interior. Como muitos países quentes, a Índia é um lugar muito barulhento, sujo, onde todos se intrometem na vida alheia; o único modo de ficar em paz e quieto é partir para longe das habitações humanas. Tradicionalmente esses "renunciadores" têm vivido como mendigos acostumados a apenas um mínimo de comida, e os leigos têm fornecido a eles, às vezes relutantemente, as necessidades básicas de sobrevivência.

No intuito de alcançar o extremo de suas dificuldades, Siddhartha saiu do palácio, e quando encontrou um dos homens santos peregrinadores (*sadhus*), que ainda podem ser encontrados na Índia, a resposta foi clara: tendo tido um filho, a sucessão real estava estabelecida, então ele deixou suas roupas de soberano e peregrinou para o sul em busca da companhia dos *sadhus*.

Siddhartha tornou-se discípulo de um sábio chamado Alara Kalama e praticou yoga e meditação. Evidentemente, ele tinha uma grande habilidade natural, pois rapidamente tornou-se mestre das técnicas e foi capaz de alcançar os mais altos estados de meditação. Não satisfeito, procurou outro mestre, Uddaka Ramaputra, atingindo um estado ainda maior de consciência.

Estes altos estados entretanto não proporcionaram a Siddhartha as respostas que ele buscava, e ele decidiu então seguir outra antiga tradição *sadhu* – a da austeridade radical. Ele praticou respiração e outras técnicas da yoga com grande afinco por um longo período. Então decidiu tentar o jejum. Permanecendo em meditação, acompanhado por alguns discípulos, Siddhartha não tocou em comida até que sua carne definhou e seus ossos apareceram claramente por baixo da pele.

Depois de seis anos de severa privação, Siddhartha achou que era inútil continuar; achou que essas atividades não eram nem melhores nem piores do que viver uma vida fácil e de luxo. Ele começou a comer novamente. Os discípulos que o estavam acompanhando ficaram horrorizados e deixaram-no, dizendo que ele tinha se desviado do caminho da santidade.

Iluminação

Retomando sua força de vontade Siddhartha começou a meditar com êxito novamente, seguindo por muitos estados em que ele era capaz de observar, com seu olho interior, muito sobre a origem e o fenômeno da criação. Ele se sentou sob uma árvore em Bodhgaya, atualmente o Estado de Bihar, na Índia, e jurou que não se moveria dali até que alcançasse a iluminação. Como é descrito nas escrituras budistas, Siddhartha passou por uma série de estados, em cada um deles se iluminando sobre a natureza das coisas, e se purificou da permanência de impurezas, simbolizadas como o demônio *Mara* com quem, dizia-se, ele teria travado uma batalha.

As conclusões a que Siddhartha chegou durante este tempo debaixo da árvore foram em essência, que todas as coisas estão sujeitas ao nascimento, crescimento e morte e que "apegar-se" às coisas causa sofrimento; a personalidade e também a mente são fenômenos transitórios, assim como todas as outras coisas, e a verdadeira natureza da realidade é um grande vazio.

Segundo a lenda, quando Siddhartha compreendeu isso, invocou a terra para testemunhar sua compreensão do ciclo eterno de nascimento, vida e morte, e a terra balançou como uma mulher bêbada e flores caíram do céu.

Quando amanheceu, Siddhartha vislumbrou o mundo com novos olhos. Agora, ele era o Buda, o "único que está desperto" e o *Tathagata*, que significa "assim foi" ou "assim veio". Sentando por algum tempo sob a árvore, ele começou a refletir sobre como poderia contar aos outros suas descobertas. À primeira vista lhe pareceu que havia pouca chance de fazer isso, já que as pessoas estão tão fortemente apegadas a noções sobre a existência que o Buda agora podia ver que eram ilusórias. Mais tarde, ele refletiu que havia algumas pessoas que tinham "apenas um pouco de poeira nos olhos" e que poderiam ser ensinadas e, é o que dizem, sem compaixão pelo sofrimento da humanidade, ele decidiu fazer isso.

Buda se dirigiu para a cidade sagrada de Benares e encontrou os companheiros que o tinham acompanhado durante os anos de ascetismo. Eles ainda o criticavam por viver na abundância, mas o Buda explicou-lhes que não vivia na abundância e que os extremos não devem ser praticados por alguém que é iluminado – nem a vida de paixões e luxo, nem a vida de autoflagelação. Evitando os dois extremos o iluminado segue o caminho do meio que produz discernimento e conhecimento e conduz à paz, à sabedoria, à iluminação e ao *nirvana*.

Sua doutrina

Buda então expôs as quatro "Verdades Nobres" de sua doutrina.

A primeira Verdade Nobre diz respeito ao que é normalmente traduzido como "sofrimento" ou "dor", mas é talvez mais corretamente entendido como a não satisfatória natureza das coisas: podemos ser felizes por algum tempo, mas há algo insatisfatório nisso porque não dura para sempre. E quando estamos infelizes, isso também é insatisfatório.

A segunda Verdade Nobre relata a causa desse não satisfatório estado de acontecimentos, que, segundo o Buda, surge do desejo ardente de "ser" alguma coisa, de ter desejos e aversões e de acreditar que se é uma entidade permanente.

A terceira Verdade Nobre mostra como essa condição não satisfatória pode cessar, simplesmente pelo abandono mental de apego a qualquer coisa, inclusive nosso próprio sentido de ser uma criatura separada do resto do mundo.

A quarta Verdade Nobre é como se comportar a fim de abandonar tais afeições, através do famoso "caminho óctuplo" budista, uma prescrição de vida categorizada como entendimento correto, intenção correta, fala correta, ação correta, correto sustento da vida, atenção correta, concentração correta e meditação correta.

Seus primeiros companheiros foram convertidos por seus ensinamentos e o seguiram quando ele peregrinou ao norte da Índia, praticando meditação e pedindo esmolas. Gradualmente, outras pessoas foram atraídas para junto dele e uma comunidade budista, conhecida como *sangha*, surgiu, formada de monges que renunciaram à vida normal e viviam de esmolas e da ajuda de pessoas leigas, que praticavam os ensinamentos (*Dharma*) enquanto continuavam a viver em suas próprias casas.

Ensinamento contemporâneo

Na época do Buda, o norte da Índia vivia um período de muita efervescência intelectual. Homens sábios ensinavam toda uma gama de filosofias e caminhos místicos, variando dos extremos do ateísmo e do ceticismo ao espírito de veneração e idolatria. O *bramanismo*, o culto sacerdotal das altas-castas hindus, já mostrava sinais de sua tendência para o elitismo e a exclusão dos não-brâmanes, e o Buda entrou em conflito com eles muitas vezes, quando argumentava que o supremo Deus do bramanismo – Brahma – era uma entidade sujeita ao nascimento e morte como todos os outros seres. Em contraste com os brâmanes, o Buda fazia uso do idioma comum para o ensinamento e aceitaria qualquer um como seguidor sem considerar sua situação social.

Um dos outros homens sagrados que viviam na mesma região da Índia e na mesma época que Buda também começou um movimento que sobrevive até hoje. Seu nome é Mahavir, o fundador do jainismo. Curiosamente, muitos dos epítetos utilizados por Buda também foram utilizados por Mahavir (que significa "grande homem").

Buda viveu até cerca de oitenta anos, ensinando e praticando meditação. As escrituras budistas relatam muitos de seus encontros com todos os tipos de pessoas; ele falava com reis e também com pessoas simples e ocupou-se com todos os problemas e dificuldades possíveis. Com relação ao *Dharma*, tem sido notado que a natureza repetitiva dessas escrituras possivelmente são um registro minucioso – como muitos bons professores, o Buda usava de uma linguagem formal que lhe permitia repetir palavra por palavra nos encontros públicos, freqüentemente empregada para públicos não convertidos. O que está claro, entretanto, é que ele despendia muito de seu tempo sentado em silêncio: ele não era um evangelista que gastava todo seu tempo cumprimentando o público e proferindo discursos enormes.

Histórias sobre o Buda

Não há espaço suficiente aqui para reproduzir todas as histórias sobre o Buda, mas aqui estão algumas que podem ser interessantes.

Nove anos depois da iluminação, o Buda foi a Kaushambi, e o monge Malunkyaputra queixou-se de que ele nunca havia explicado se o mundo é eterno ou temporário, finito ou infinito, se a vida e o corpo são a mesma coisa ou coisas diferentes, ou se *arhats* (seres iluminados) estão além da morte ou não. Ele ainda ameaçou deixar a comunidade se o Buda não pudesse responder a suas perguntas.

Primeiro o Buda perguntou a ele se tinha prometido explicar essas coisas; o monge concordou que não. Então o Buda contou a história de um homem que foi perfurado por uma flecha envenenada e então seus parentes chamaram um médico. Suponha, ele disse, que o médico dissesse que não poderia remover a flecha nem tratar o paciente até que suas perguntas fossem respondidas, tais como quem fez o arco, de que tipo era, tudo sobre a flecha, e assim por diante. O homem morreria, e ainda assim a informação não seria conhecida. Então o Buda disse a Malunkyaputra que uma pessoa poderia chegar ao fim de sua vida antes que as perguntas que tinha feito pudessem ser respondidas por Tathagata. Essas perguntas não visam a edificação nem levam à sabedoria suprema. De qualquer modo, os ensinamentos do Buda dão atenção ao sofrimento, sua causa, e o significado de seu fim é como a remoção da flecha envenenada.

Buda permaneceu em silêncio ou enigmático para muitos problemas metafísicos; ele não proporcionou uma resposta pronta, uma cosmologia abrangente para que os outros acreditem nela. Às vezes ele falava em termos de entidades e idéias religiosas que eram comuns naquele tempo sem necessariamente acreditar nelas, apenas para estabelecer uma base de comunicação. Podemos entender isso como "olhar a partir da perspectiva da outra pessoa". Por exemplo, se você quer se comunicar com alguém que tem medo de fantasmas, pode conversar com essa pessoa como se eles existissem, em vez de ficar dizendo que eles não são reais.

O Buda falou certa vez a um grupo de pessoas conhecidas como Kalamas, que estavam confusas por causa de todas as afirmações conflitantes de diferentes sistemas religiosos, e aconselhou-as a verificar todas as respostas por si mesmas, observando quais doutrinas chegavam a resultados positivos e quais chegavam a resultados negativos. A primeira poderia ser adotada, e a última, rejeitada:

> "Não se deixe convencer por relatos, tradição ou boatos; nem pelo conhecimento das escrituras, argumentação ou raciocínio; nem depois de examinar as condições ou considerar as teorias; nem porque uma teoria tem boa aparência; nem por respeito a um asceta que tem uma opinião particular. É melhor, Kalamas, quando vocês sabem por si mesmos: que essas doutrinas não são virtuosas; que elas são errôneas; que são rejeitadas pelos sábios; que quando são postas em prática levam à perda e ao sofrimento – então vocês devem rejeitá-las, Kalamas."

Pelos seus frutos vós podereis conhecê-los – você pode ser enganado facilmente por uma boa argumentação, mas o tempo revelará os efeitos de algumas práticas ou crenças. O Buda tentou o jejum, por exemplo, antes de rejeitá-lo como inútil.

Nirvana, ou *nibbana*, como é conhecido em páli, a língua usada nas mais antigas escrituras budistas, é uma daquelas palavras que todos conhecem e ninguém entende (um pouco como "democracia", talvez!). Nirvana quer dizer o fim do sofrimento, um estado além do ciclo de nascimento e morte. Podemos dizer que é a meta final do caminho ensinado por Buda. Há apenas algumas descrições do nirvana na literatura budista:

"Monges, há essa esfera em que não há nem terra, nem água, nem fogo, nem ar: não é a infinidade do espaço, nem a infinidade da percepção; não é o nada, nem é qualquer idéia ou não-idéias; não é este mundo, nem o que virá, nem ambos; não é o Sol nem a Lua.
Monges, eu declaro que ela não vem nem vai, não permanece nem morre, não é causada, estabelecida, originada, afirmada: ela é o fim do sofrimento.
O que eu chamo de não-individualidade é difícil de ver, por isso não é fácil ver a verdade. Mas aquele que a conhece penetra o próprio anseio; e para quem a vê, não há nada ali.
Monges, há algo não-nascido, não-gerado, não-criado, não-condicionado. Monges, se não houvesse algo não-nascido, não-gerado, não-criado, não-condicionado, então não poderíamos aqui conhecer algo que escapa do nascimento, da geração, da criação, do condicionamento...
Para o apegado há vagar incerto, mas para o desapegado não há vagar; sem vagar há serenidade; quando há serenidade não há lascívia; sem lascívia não há nem chegada nem partida; sem chegada ou partida não há nem morte nem renascimento do ser; não há nem esta vida nem outra, nem alguma entre elas. É o fim do sofrimento!"

Você ainda está confuso? Não se preocupe. Se ele é real, você tem tanto dele como qualquer outro. Não se preocupe com o nirvana pois esta seria a mais inútil atividade imaginada pelo homem e não é o objetivo central do Dharma do Buda.

Reencarnação dependente

A "reencarnação dependente" é uma importante idéia do Buda. Depois de atingir o despertar, ele compreendeu que todos os fenômenos do universo estão interligados por relações de causalidade mútua. Coisas surgem devido a causas e condições, permanecem devido a causas e condições, e finalmente perecem devido a causas e condições. Desse modo, o mundo é visto pelos budistas como um sistema dinâmico e em constante mudança. Por causa de um mal-entendido básico do andamento da realidade (conhecido como "ignorância"), as pessoas imaginam falsamente que algumas coisas terrenas possam trazer felicidade, e assim elas criam o desejo e tentam adquirir essas coisas. Essas atitudes proporcionam a base para o surgimento de estados de espírito negativos, e esses estados, por sua vez, conduzem a outros efeitos negativos, incluindo o nascimento de outros seres no futuro.

Isso pode ser confuso – o Buda queria dizer que muitos de nós estão condenados à reencarnação perpétua, como muitas pessoas pensam? A seguinte história elucida essa questão:

> Uma vez um certo monge concebeu esta visão equivocada:
>
> "Como eu entendo a doutrina de Bhagavan (Todo-Abençoado), essa consciência permanece [prossegue em toda transmigração], e não se torna outra [consciência]."

Em outras palavras, o monge pensava que sua consciência – ou alma – poderia entrar em outros corpos no futuro.

O Buda o chamou e, depois de ouvir o que ele tinha a dizer, censurou-o:

> "A quem você falou, insensato, que eu ensinei essa doutrina? Eu não disse com muitas comparações que a consciência não é independente, mas sim resultado de uma cadeia de reencarnação dependente e que não se pode nunca reencarnar sem uma causa? Você, insensato, não compreendeu bem isso e me representou mal, assim você enfraqueceu sua própria posição e produziu grande demérito. Você atraiu para si mesmo mal permanente e sofrimento!..."

Então, o Bhagavan se dirigiu aos monges reunidos, dizendo:

> "Toda forma de consciência provém de uma condição, e fica conhecida pelo nome dessa condição; assim, se a consciência provém de um olho e de formas, ela é conhecida como consciência visual... o mesmo valendo para os sentidos da audição, do olfato, do paladar, do tato, do pensamento e seus objetos. É exatamente como uma chama, a que você dá o nome de seu combustível: um fogo de madeira, um fogo de galhos, um fogo de capim, um fogo de esterco de vaca, um fogo de folhas, um fogo de entulhos, e assim por diante... Do mesmo modo, monges, quando graças a uma condição apropriada, uma consciência se manifesta, fica conhecida por este ou aquele nome..."

Compreendeu isso? De acordo com a opinião do Buda, o que nós acreditamos ser nossa consciência é em si uma conjugação de forças sempre cambiantes, que dependem de outras coisas – portanto, não há uma 'alma' permanente que se move para outro corpo. Esta idéia incomoda muitas pessoas no Ocidente porque parece ser negativa e fatalista, mas a beleza do Dharma do Buda é que ele oferece modos de conferirmos a verdade por nós mesmos. Você pode entender essa verdade como algo assustador e terrível, embora deva perceber que a alma e a consciência são coisas temporárias.

Momentos finais

Chegando aos oitenta anos, o corpo do Tathagata parecia ter perdido a vitalidade, e ele então declarou que tinha apenas mais três meses de vida. Sua companheira, Ananda, não teve chance de pedir a ele que permanecesse vivo até o fim dos tempos, tal como os Budas podiam fazer, segundo a lenda.

O Buda comeu uma refeição oferecida por um ferreiro; não se sabe muito bem o que ela continha, talvez cogumelos. Sobreveio a doença violenta, com perda de sangue e dores insuportáveis, porém o Buda controlou-as com a mente e disse que morreria na terceira hora da noite. Depois de dar algumas instruções e receber a visita de seus seguidores, ele disse: "Tudo o que nasce está sujeito à decadência. Cabe a cada um realizar a própria libertação com diligência", e morreu.

A morte e o renascimento do budismo

A história subseqüente do budismo é longa e interessante. Como aconteceu com outros movimentos, com o passar do tempo ele se dividiu em vários grupos e seitas, algumas das quais parecem estar em desacordo em muitos assuntos. Finalmente, o budismo morreu na Índia – por volta de 1300 d.C. ele tinha desaparecido, acabado por causa das invasões islâmicas – mas nessa mesma época ele aparece em novas e vigorosas formas no Sri Lanka, na China, no Tibete, no Japão e em outros lugares. A diversidade e riqueza da cultura budista é surpreendente, no entanto não é preciso o ocidental se sentir desvinculado do budismo, ou incapaz de entendê-lo; o Buda não foi um mistificador, ainda que algumas coisas que ele disse pareçam ser misteriosas. Você é tão importante quanto qualquer um e tem as mesmas oportunidades que qualquer um de examinar sua natureza verdadeira, original e universal.

Esteja aqui agora.

Bibliografia recomendada

Os livros desta lista me ajudaram a escrever este livro. Eles não lhe darão, é claro, a experiência da iluminação. Só você pode fazer isso!

Alpert, Richard (Baba Ram Dass), *Be Here Now*, Lama Foundation, 1971

Blackmore, Sue, *Dying to Live*, Heinemann, 1992

Brunton, Paul, *A Search in Secret India*, Rider, 1913

Brunton, Paul, *A Search in Secret Egypt*, Rider, 1936

Cohn, Norman, *The Pursuit of the Millennium*, Pimlico, 1993

Dass, Ram with Levine, Stephen, *Grist for the Mill*, Unity Press, 1971

Huxley, Aldous, *Island*, Perennial Classic, 1972

Isherwood, Christopher, *My Guru and His Disciple*, HarperCollins, 1968

James, William, *The Varieties of Religious Experience*, Longman, 1902 [As Variedades da *Experiência Religiosa*, publicado pela Editora Cultrix, São Paulo, 1991.]

Kornfield, Jack, *Living Buddhist Master*, Unity Press, 1977

Nyanamoli, Bhikku, *The Life of the Buddha*, Buddhist Publication Society, Kandy, 1971

Page, Tim, *Page After Page*, Sidgwick & Jackson, 1988

Ramana, Maharshi, *Talks*, Ramanaramam, Tiruvannamalai, S. Índia, 1958

St. John of the Cross, *The Dark Night of the Soul*, trad. E. Allison Peers, Image Books, Nova York, 1959

Walshe, Maurice (trad.), *Thus Have I Heard, The Long Discourses of the Buddha*, Wisdom Publications, 1987

Yates, Frances, *The Art of Memory*, RKP, 1966

Yates, Frances, *Giordano Bruno and the Hermetic Tradition*, University of Chicago Press, 1964 [*Giordano Bruno e a Tradição Hermética*, publicado pela Editora Cultrix, São Paulo, 1987.]

A lista abaixo traz os livros de Douglas Harding já publicados:

Harding, D. E., *The Little Book of Life and Death*, Arkana, 1988
Harding, D. E., *On Having No Head; Zen and the Re-discovery of the Obvious*, Penguin Arkana, 1986
Harding, D. E., *The Science of the First Person: Its Principles, Practice and Potential*, Shollond Trust, Ipswich, IP10 OEW, 1997
Harding, D. E., *The Hierarchy of Heaven and Earth*, Florida University, 1979
Harding, D. E., *Look For Yourself*, Shollond Trust, Ipswich, 1996
Harding, D. E., *Religions of the World*, Shollond Trust, Ipswich, 1995
Harding, D. E., *The Spectre in the Lake*, Shollond Trust, Ipswich, 1996

Periódicos:

The Headless Way, org., Richard Lang, 87b Cazenove Road, London N16 BB, tel. 0181 806 3710
Vivre sans tête, 58 Rue de la Marne, N10RT France 79000